自治総研ブックレット 25
第 36 回自治総研セミナーの記録
其田茂樹　編

自治から考える「自治体 DX」

「標準化」「共通化」を中心に

〔講演〕
牧原　出〔東京大学〕

〔報告〕
松岡清志〔静岡県立大学〕
三木由希子〔情報公開クリアリングハウス〕

公人の友社

第36回自治総研セミナー

主催　（公財）地方自治総合研究所
日時　二〇二一年九月一八日
方式　YouTube Live による配信

自治から考える「自治体ＤＸ」

「標準化」「共通化」を中心に

目次

【目次】

〔問題提起〕

自治から考える自治体ＤＸ

―「標準化」「共通化」を中心に

其田　茂樹
〔地方自治総合研究所〕

■はじめに

必ずしもこの問題に関して専門性が高いわけではありませんが、私からは自治体ＤＸ（デジタル・トランスフォーメーション）に対してどういった問題意識を持っているかということと、かなり多岐にわたるテーマですので、少し交通整理のようなことができればということで、お話をさせていただきます。

基本的には、デジタル化・ＤＸそのものの動きは、恐らくもう戻れないということは多くの皆様と共有できると思います。住民がいろいろ便利になること自体は否定されるべきものではないのですが、今出ている材料を地方自治から考えると少し心配なところもあるのではないかという問題意識があります。特に、このセミナーの中では「標準化」とか「共通化」からアプローチしてみてはどうかということで企画を立ち上げたところです。

最近、その材料の中で大きなものとして、デジタル改革関連法の成立があります。この6法律の中に地方公共団体情報システム標準化法と言われるものが含まれています。また、個人情報保護に関する共通化（後では「一元化」と言い直しますが）が盛り込まれています。こうした動きはどういうふうに来て、これからどう進んでいくのか。今、進んでいるスピードで進むと、地方自治ないしは地方自治体、あるいは住民にどういう影響があるのだろうかということについて、その答えをここで皆さんと共有するというよりは、いろいろな問題があるねということを共有できればいいのかなと考えておるところです。

■これまでの「情報化」の経緯と自治体・住民

これまでの情報化なりIT化なり、DXなり、いろいろな段階があるのだろうと思いますが、少しだけ振り返るとすると、IT基本法ができたのが2000年のことでした。ここでは「高度情報通信ネットワーク社会」ということで、「インターネットその他の高速情報通信ネットワークを通じて自由かつ安全に多様な情報または知識を世界的規模で入手し、共有し、または発信することにより、あらゆる分野における創造的かつ活力ある発展が可能になる社会」ということで進められてきました。

そのIT基本法に基づいてe-Japan戦略というのが立てられ、全ての国民がITを積極的に活用し、その恩恵を最大限に享受できる知識創発型社会の実現に向けて、5年以内に世界最先端のIT国家となることを目指していました。当初のIT化、情報化の中では（この段階を当初というかどうかは議論があるかもしれませんが）、どちらかというとインフラ整備とともに規制緩和をしてどんどん進めようということで、インターネットの高速化については、それなりに広がりを見せていたのかなという実感が持てるように思います。

ただし、e-Japan 戦略の中では電子商取引、電子政府の実現、人材育成などが掲げられていたのですが、これらがうまくいったかどうかという疑問は残ると思われます。まずは、幅広い国民・事業者のＩＴ化を促すということでスタートしてまいりました。

その後、ネット上のサイバーセキュリティの問題であるとか、それから大量のデータを瞬時にやりとりする状況が広がるにつれて、様々な法の整備や計画策定などがなされてきたところです。２０１９年のデジタル手続法の中ではデジタル３原則として、デジタルファースト、コネクティッド・ワンストップ、ワンスオンリーが掲げられるなどする中で、今回のデジタル改革関連法案の以前の段階の制度設計が概ね整ったと考えます。

この間の動きの中で、地方自治体や住民に関連が深いところでは、住基ネットとマイナンバーのそれぞれのシステムがつくられました。マイナンバーになったときには「便利な暮らし、より良い社会」ということで、住基ネットと比べてどちらかというと業務の効率化、利便性の向上というところから、情報連携によるメリットが強調されていると思います。

テレビのコマーシャルなどを通じてマイナンバーカードの取得に関してはいろいろと促進されていますが、８月１日時点の全国における人口に対する交付枚数は36％です。これを国民の３分の１が持つようになったというふうに理解すればよいのか、キャンペーンをやってもこの程度だというふうに理解すればよいのかというのは議論のあるところかもしれません。

■デジタル社会の形成とデジタル庁

２０２０年12月に、「誰一人取り残さない、人に優しいデジタル化」を進めるための10の基本原則を盛り込んだ「デジタル社会の実現に向けた改革の基本方針」が示されました。

デジタル改革関連法は、その方針に沿って作られたものでありますが、ここでは、これらの6法律のうち、デジタル社会形成基本法とデジタル庁設置法に関してごく短く触れたいと思います。デジタル社会の形成を図るための関係法律の整備に関する法律と、地方公共団体情報システム標準化法に関しては後ほど取り上げますが、預貯金口座とマイナンバーに関連する2法律については、ここでは触れる余裕がないということをあらかじめお断りしておきます。

「誰一人取り残さない」、「人に優しいデジタル化」ということですが、新聞の広告記事の中で、デジタル担当大臣が「デジ道」に関してコメントをしていました。「デジタルの世界とアナログ空間をシームレスにつなぐためには、人が人を助ける社会を前提にする必要があります。困った人がいたら、できる人が助ける。」「スマホを持っていなくても、パソコンを使えなくてもデジタルの恩恵が受けられるようにしたい。困っている人がいたら助けるという日本が古来持っているコミュニティの文化を進めるという意味で道を開く・踏み外さないデジタル化、『デジ道』という言葉」をつくったのだということです。

結局のところ、今のところはデジタルデバイスを使いこなせず、ゆえに、デジタル化の恩恵を受けにくい人が、とりわけ高齢者を中心にして多いのだろうと思うのですが、そこの部分はアナログというか、人と人との助け合い（行政的なサポートも考えられるかもしれませんが）でサポートをしながら進んでいこうということです。ただ、個人的に少し気になるのは、デジタルデバイスが行き渡っていない人や使いこなせていない人を、「デジタル」でどのように把握するのだろうか、それらの人々は存在していないことにされはしないだろうかという心配が残るように思われます。

デジタル庁の組織に関しては、内閣総理大臣の下にデジタル大臣とデジタル監がいます。復興庁と同じく主任の大臣は内閣総理大臣となっています。時限的な設置が前提の復興庁と違って、デジタル庁でこのような仕組みが採用されたということは少し話題になったかと思います。また、デジタル監に関しても、人選の段階からいろいろと報道されるなど話題になっていました。

デジタル大臣が関係行政機関等の長に対する勧告権を持っているなど、デジタル庁には強い権限が与えられています。デジタル監が置かれていることと、全国務大臣を議員とするデジタル社会の形成のための施策の実施の推進等をつかさどるデジタル社会推進会議が設置されることのほか、内閣府、総務省等の一部業務に関してもデジタル庁に移管をします。

それから、地方公共団体の共同法人になっていたJ-LIS（地方公共団体情報システム機構）についても地方共同法人から国と地方が共同で管理する法人とされ、国としてはデジタル庁・総務省の所管となりました。予算に関しても国の情報システム予算を一括計上し、各府省へ配分する仕組みになっているということで、縦割りを打破してデジタル化を推進するためにつくられた組織であるということですが、各省庁がデジタル化を考えようとするときには、逆に新たな縦割りみたいなことになるのだろうか、ならないのだろうかというのは少し興味があるところです。

■自治体情報システムの標準化

地方公共団体システムの標準化と個人情報保護に関する一元化について話を進めてまいります。前者については、２０２５年度までに17の業務に関してガバメントクラウドに移行することが目指されています。後ほどお話にも出るかと思いますが、そのスケジュール感や具体的に何をどう対応したらいいのか、単に情報機器を入れ替える、サーバーをクラウドに変えるというだけにはとどまらず、いろいろな業務プロセスの見直しなどが必要になってくることが想定されています。

当初のスケジュール案ではその17の業務を2つのグループに分けて２０２２年の8月までに標準仕様書が全て出そろうという予定になっていますが、これも恐らく後ろ倒しになっていくと思われます。

この17業務がどこから来てどのように固まったのかというのはしっかり調べ切れていませんが、個人的には、地方独立行政法人法別表に掲げられている定型的な業務ということで選ばれたように直感しました。実際に導入された例はほとんどないと記憶しますが、２０１８年の地方自治法改正に伴う地方独立行政法人法の改正によって、窓口業務を地方独法が担うことができるようになっています。

「デジタル禍」という言葉は『月刊自治研』（２０２１年7月号）の中で書いたのですが、これだけの17業務を２０２５年度までに業務プロセスから抜本的に見直すというと、自治体にとっては大変な作業になるので、災害級の「禍《わざわい》」になるのではないかということで、当初は書いたつもりでした。ただそれに取り組むことによって、結果として住民の利便性が向上し、コストが削減され、職員が本来果たすべき仕事に専念できるというようなところに行き着くのであれば、まあ「渦《うず》」くらいにしておけばよかったかなと思ったりしています。

この法律ができるのに先だって、地方制度調査会の中でも地方行政のデジタル化が議論になっています。ここでは、基幹系システムにおいて、とりわけ制度改正等について自治体ごとの個別対応による負担が大きく、標準化が求められる程度が高いということが指摘され、地方公共団体で個々のカスタマイズ等を原則不要にすることなどが言及されています。地方公共団体の自主性に配慮するとか、合理的な理由がある範囲内で説明責任を果たした上で標準によらないことも可能にすることなどといった点にも触れているわけですが、今回の制度はこのあたりについて、どうなっているのだろうかということも気になります。

単純に言えば、クラウド化することで設備、施設の維持管理の負担は相当小さくなると想像ができます。学校などでもそうだった記憶がありますが、パソコンが置いてある教室だけエアコンが入っているとか、執務室は蒸し暑いのにサーバーが置いてある部屋だけ空調が寒いぐらいに効いているとかということがありますが、そうした負担がなくなるだけでも、ある程度の負担軽減が見込めそうです。ただ、言われていたベンダロックインについては、競争といってももともと寡占であることから起こらないという見解（柏木恵「自治体のデジタル化」『地方財務２０２１年９月号』）もあるようです。その寡占がさらに進み、巨大なベンダ以外は関与できなくなってしまうことによって、移行作業が終わったら地域のベンダの仕事がなくなるのだろうか、そうでもないのだろうか。また、地方制度調査会で出てきた地方公共団体の自主性への配慮などがどうなっているのかという懸念があります。

ＡＩなどの先端技術が入ると、たとえ業務プロセスが自治体ごとにまちまちであっても、ＡＩが必要な情報を抽出して業務が円滑に進むとイメージしていたのですが、むしろ、業務プロセスのほうを見直さなければならない。もちろん業務プロセスそのものの見直しは重要で、効率的に運営するということは常に心がけられなければならないところですが、システムの標準化のために業務プロセスを合わせていくということになると、どっちが手段でどっちが目的なのかというよくわからないという感想も持ちました。

私は、一応財政学を勉強しています。課税はそれぞれの自治体の自主性が認められていなければなりませんので、税務が定型的な業務の典型として挙げられるのは少し違和感がありました。超過課税などにより標準税率以外の税率が適用されている自治体がある中で、システムに税率を設定する程度のことはそもそもカスタマイズとも呼べないかもしれないのですが、標準化が目的となってしまうと、標準税率以外の税率設定それ自体を抑制すべきだという議論が出るのではないかと懸念しています。それから、標準化の対象とされている国民健康保険とか介護保険など社会保障の分野については、自治体ごとの業務に差が大きく独自の取組も幅広いと思われるため、標準化による影響がさらに大きくなる可能性も考えられます。

１７００ほどある自治体の中で、標準税率のみで課税している自治体のほうが少ないというのが現状です。もちろん、超過課税等の中には、役割を終えており本来は標準税率に戻すべきものも含まれている可能性があります。単に、標準化のために標準税率に戻すとか、これまで超過課税してきたから継続するということではなく、どのような経緯や目的で標準税率以外の税率が設定されたかなどをしっかり点検しておくなど、標準化との関係について整理が必要なのではないかと思われます。

■個人情報保護の一元化

最後に個人情報保護の一元化に関してですが、そもそも「デジタル社会の形成を図るための関係法律の整備に関する法律」の一部という扱いなのがどうなのか。ほかにもマイナンバーカードの活用の拡大であるとか、押印・書面の交付を求める手続の見直しなどがある中で、それぞれがものすごく大きなテーマで、単独の法律としてもっと時間をかけていろいろな論点を整理される必要があったのではないかという気もします。

地方自治体の関係では、個人情報関連の３つの法律を１つにまとめるなかで個人情報の定義等を統一するなどということが、影響するのではないかと考えられます。

それらを簡単にまとめておきますと、先ほど御紹介した『月刊自治研』２０２１年７月号の中で、これは法政大学の廣瀬先生のインタビューの中に出てきた言葉ですが、国の検討段階ではキーワードとして出されていた「自己情報コントロール権」が法案の段階で雲散霧消してしまったというのです。個人情報保護というよりもデータ連携、あるいはデータの流通、利活用というところに軸足が置かれた法整備だったのかなというイメージがここでも浮かんできます。

法律では、特に必要な場合に限り条例で独自の保護措置を規定する、条例を定めたときはその旨及びその内容を個人情報保護委員会に届け出るという仕組みになっていますが、そうすると個人情報保護委員会と自治体の個人情報保護条例の間の関係と言いますか、それぞれ自治体にある個人情報保護に関する組織等との関係は地方自治に即して見るとどうなるのかということも１つの論点になると思われます。

個人情報保護のいろいろな条例がある中で、そのことが、いわゆる「２０００個問題」（地方自治体をはじめ個人情報保護条例が多くの主体によって制定され、それぞれの規定ぶりが微妙に異なることによって個人情報の連携等の支障になっているとする問題）として指摘されてきました。条例で規定してきた様々な独自の措置に関しては必要最小限とし、条例の規定が法律より緩やかであったり、条例がないところは法律の規定を当てはめていくという仕組みになっているわけですが、このあたりのところは、今後、どのような独自の措置が認められそうで、自治体としてはどういうことを考えておかなければいけないのかというのも気になるところです。

住民税を超過課税して森林保護等に用いるいわゆる森林環境税が多くの府県に導入されています。国税で森林環境税を導入するときには、実質的な課税標準となる個人住民税の均等割が非課税になる基準は複数あるのですが、どこに住んでいてもその府県の税条例で認められた非課税基準が適用されるような工夫がなされました。個人情報保護に関しても、もう少し自治体の現状に対して影響を与えないつくり方はなかったのだろうかという疑問があります。

今回の前の前の個人情報保護法の改正の前後に、ワーキンググループで出された資料では、法律で規定する喫緊の課題として、ナショナルミニマムを実現する、すなわち個人情報保護法制空白地域を解消すること、それから官民データ連携のため、定義や第三者提供手続の相違等の実態を把握するということ、それから急務として、匿名加工情報が2000個になるまでにモデル条例等を提案することが規定されています。このあたりの喫緊と急務の課題が余り十分に論じられないままに最終ゴールに入ったのではないかということです。

もっとも、『ジュリスト』(2021年8月号)における座談会には、全団体調査が行われていて、かなりの部分が共通していたということが紹介されているので、共通していたのだとすると、国税・森林環境税のときのような工夫によりもう少し今の地方自治体の制度を尊重した仕組みはあり得なかったのかという気がいたします。

デジタル化に対する期待が大きい中で、個人情報保護などに関しては国のほうから強引に枠をはめて、こう決めましたということ自身がデジタル化への期待を台無しにしてしまうことがある。そもそも政府への信頼が持ちにくくなっていると思われる現状において、大きなメリットをもたらすデジタル化であるはずのものが、信頼されないというか、うさん臭いものとされてしまうのではないかという心配もあるのではないかと思います。つまり、結局、取り残した人は見なかったことにして、とりあえず形から入っていることにならないのだろうかという疑問というか、懸念も持っています。

以上、駆け足になりましたが、私のほうからの交通整理というか、問題提起ということで、これからどういう方向性が考えられるのか、どういう議論を経てこのような現状に至ってきているのかなどを中心に御参加の皆さんと論点を示して共有できればというふうに思っております。

どうもありがとうございました。（拍手）

〔講演〕
人口減・デジタル化と地方自治
牧原　出
〔東京大学〕

1　二つの課題（人口減／デジタル化）

■自治体戦略2040構想研究会報告の危機感

東京大学先端科学技術研究センターの牧原でございます。「人口減・デジタル化と地方自治」というテーマでお話をさせていただきます。

私は地方自治の問題、あるいは地方における政策形成の問題については、国立大学が独立行政法人化した2004年に、東北大学在任中でしたが、公共政策大学院の立ち上げの責任者となりました。いろいろな方の御支援も得たのですが、このときに地域社会に対し公共政策として実践的な提言を大学から行えないか、それを教育プログラムの中に入れられないかということをいろいろ考えて、開校後は政策調査を年に4本ずつ進めていきました。

その後、2013年に東大の先端研のほうに転任しましたが、2018年にこの発想を生かして、後でお話しする地域共創リビングラボというものを、まちづくりや都市計画の担当の先生と一緒につくりました。先端研は人数規模では小さな研究所ですが、提携先の自治体がラボごとに沢山あり、全体ですごく多いので、これらを研究所全体で一括してつないでお互いに横で展開をしていくなど、いろいろな取り組みをコラボレーションしてきたわけです。

さらに2017年から18年まで総務省に置かれていた自治体戦略2040構想研究会の座長代理と

なりました。当時、総務大臣は野田聖子さんで、今回の自民党の総裁選では、野田さんだけが「人口減少」という言葉を多用しておられました。実は野田大臣は、この会議に毎回出ていまして、相当積極的に発言していたのですね。だから、我々のこの会議から、野田さんという政治家もインスパイアされたのでしょう。当時は委員も含めて自由闊達に議論していました。

ちなみにこのとき、こういう研究会の議事録をきちんと公開すべきではないかと三木さんたちに問題提起をされました。議事概要しか出ていないのですが、その分、闊達にいろいろなお話をさせていただきました。

それで終わったと思っていたら、２０４０構想研究会のテーマが第32次地方制度調査会に引き入れられたのです。現在、総務省に置かれている「地方自治体のデジタルトランスフォーメーション推進に係る検討会」も自治体ＤＸ化の中心的な有識者会議の1つですが、その一番最近の議事概要の最初に「自治体ＤＸは自治体戦略２０４０構想研究会の報告が危機感のベースにあるものと考える」と書いてあるのですね。

これはある委員の発言です。実は、先日、総務省の当時の担当者に、今、総務省はどう動いているのですかと聞いたところ、やはりこの２０４０構想がベースだとのことです。確かにもろもろの問題が、この２０４０年問題から説き起こされるようになっています。今日はそうした話をすることを期待されているのだと思います。

■シームレスが求められる業務とは何か

私自身、いわゆるガジェット（携帯できる電子機器やそのアプリのこと）が大好きなので割と昔からいろいろ使ってはいました。今回のコロナ禍でいろいろな機器を使わないと授業もできないことになってきました。新しいマイクやカメラを買ってみたりしました。まさか自分の動画配信なんて考えたこともなかったのに、それをやらないと学生とコミュニケーションがとれないというわけで、ゼミの説明会のための動画をアップしたりしています。視聴者は１００、２００程度でしたが、やってみると文章よりははるかに学生に届くものがあるとわかるわけです。

まったく身近な例となりましたが、デジタル化はコロナ禍で確かに進んでいます。私はTik Tokなどはやりませんが、いわゆるZ世代とか更にその下の世代になると、そういうものがごく普通になってきています。ちなみに今、学生たちと話しますと、大学1年生と4年生ではもう世代が大きく違うと言っています。４年生とは話は通じませんと言うのですね。デジタル化のスピードは早いので、３年ぐらいで使っているものやデジタル環境で見えてくる世界がかなり違ってきているようです。

実は同じことがこれから自治体のデジタル化の中で起こっていくだろうと思います。つまり、ムーアの法則（集積回路で使われるトランジスタ数が毎年2倍になるという予測）ではないのですが、機器やガジェットのキャパシティがどんどん大きくなっていく。さらに情報システムのキャパシティが急速に向上している。やれることが増えてくるので、新しい試みがどんどん出てきている。これにキャッチアップしていく必要があるわけですね。

しかし、ここでも業務改革が必要だと言われています。情報システムを新しく標準化でつくっても、ユーザーベースでは当面は変わらないだろう。しかしそれに合わせて業務を変えていく必要は当然あるわけです。そもそもこの業務とは何か。私自身、行政学を研究しながらずっと考えてきたのですが、それが実は大きな課題だと思っています。

『崩れる政治を立て直す』（講談社現代新書、２０１８年）という本の中で書いたのは、90年代、私が研究者を始めたころに考えられていた業務と、今、国でも地方でも行政やいろいろな職場の業務は質的に変わったのではないかということなのです。働き方改革で問題になっていることですが、2、3日、システムは動きませんというのは絶対に許されなくて、すぐに直せ、すぐ動かせ、シームレスにやってほしい、となってきています。

90年代、Windows 95が出てきて、私がちょうど大学で研究教育を始めたころ、宮城県庁などは、1部屋に1つワープロを置くことを一生懸命進めていたはずです。その1台のワープロを共有して公用文書をつくる。当時、私の自宅にあったワープロは文字盤が7字くらいしかなくて、今の学生に言っても何を言っているのだという顔をされますが、昔、そういうワープロがあったのですね。印刷機能はあるが、表示機能は文字盤が7字しか見えない。印刷してみて漸く全体のレイアウトがわかる。このタイプが90年代ですから、それとは違って今は情報システムが常に動いている。メールでも、あるいはインターネットでも何でもやりとりができる。やはりシームレスが求められてくる。

このシームレスに物事を進めるという業務とは結局、何なのかということがこれから問われてくるのではないかと思っております。確実に言えるのは、業務は文章では伝達できなくて、口頭のコミュニケーションの中でしか理解されないものだと、これは私、確信しています。我々、研究者もインタビューやオーラルヒストリーをやった人間だけが業務をわかるようになります。データを見たり文章を読んでいる人はまずそういう業務感覚はないです。

■人口減にどう立ち向かうか

今、２つの課題が同時に現れているということをお話ししたいと思います。２０４０構想研究会から32次地方制度調査会まで、長期的に見て人口減が進んでいくことが日本の内政の最大の危機であるという認識で議論を進めていました。いわゆる２０４０年問題です。人口減が進むことはほぼ確実ですので、これをどうするかを議論していたわけです。

加えて、昨年、新型コロナウイルス感染症にどう立ち向かうかという課題があらわれてきた。長くても2年ぐらいで収束するという話だったわけですが、2年どころかあと2、3年、トータルで4、5年はかかるだろうということが、ほぼわかってきていますから、これも長期的課題となってきているわけですね。つまり、早くコロナに打ち勝って元に戻すことがリアリティを失っていますので、人口減とコロナ感染症と両方とが長期的課題になってきたということです。

今、デジタル庁で進んでいる標準化の話も、２０４０構想研究会で事務局の側からある段階で出てきたと私は見ていました。それが今につながって、２０２5年度までに標準化を完了ということになっています。人口減は構造的な問題ですので、恐らくコロナは人口減を更に加速させてしまう。出生者数はこれからますます減るだろうと思います。人口減の問題にどう立ち向かうかというところにまずは戻らざるを得ないわけです。

いわゆる戦後の第1次ベビーブームの子どもの世代が高齢者になるのが２０４０年ですので、それに向かって何が問題となるか。今どのような準備が必要かということを議論すべきだということが総務省では地方自治の大きな課題と認識されたわけです。２０４０構想研究会は２０１７年から18年にかけて2つの報告を出したわけですが、これが32次地方制度調査会の諮問事項にそのまま受け継がれ、2020年6月に最終報告が出ました。近年の地方自治の教科書でもこの流れが触れられるようになってきていますので、これは無視できないものになってきました。

■地方創生の目標はやめる

そもそも、ここで2040年をターゲットイヤーにして逆算するというバック・キャスティングという調査手法をなぜとったのかです。それは一つには、人口増を目指すという地方創生の政策目標を移し替える、つまり地方創生の目標はやめるということです。地方創生の目標であった人口増は希望的な目標にはなりますが、現実的な目標にはなかなかならないことが見えてきた。いつまでもそれを目指すわけにはいかないということです。

もう一つは地方分権改革による制度改革ではない改革をそろそろ考えるべきではないかということです。しかも、人口減は地方制度だけの問題ではないので、内政全般を総合的に再検討すべきだというかなり野心的な狙いがなかったわけではないのですね。人口減という課題にこれまでの制度改革の論点を広く落とし込むわけです。

今回のデジタル化の問題も大きな内政全般をどういうふうに考えるかという問題の中の1つだと私は思っています。私自身、内政全般を見渡すような政策会議（内政諮問会議）が必要ではないかと最近言っているのは、実はここでの経験がもとになっています。これは次の政権、あるいは野党が政権になったときに気付くかどうかですが、非常に大きな課題になってくると思っています。

ただ、内政全般を総合的に検討するのは極めて難しい課題ですので、簡単にできないわけですね。

内政全般の研究者、専門家もいないわけです。そもそも「内政」という言葉は行政用語で多用されていますが、研究者の間では余りアカデミックな用語として使われていません。「内政」と言われてもピンとこない。英語で言えば「domestic politics」、「domestic policy」と出てくるのですが、日本語ではなかなかこなれていないのですね。だから、割と課題の多い分野ですが、そういう大きな流れの中で今回のデジタル化も課題解決の切り札となってきました。

ただし、未来を展望する際にはショック・ドクトリン（天災、戦争、パニックによる混乱に便乗して、新自由主義経済システムを導入する手法）が出てくるのですね。２０４０構想研究会もそれに近い議論がないわけではないのですが、私はそのショック・ドクトリンはここでは無用だと思っています。あくまでも論理的に未来を見ながら考えていくことが大事でありまして、バック・キャスティングによって「現在」から離れ、一定の条件の中で未来がどう見えてくるかを考えることになるわけですね。

■技術革新をどう理解するか

このバック・キャスティングの注意点として、『２０５２ 今後40年のグローバル予測』（日経ＢＰ社、２０１３年）という本を紹介したいと思います。これは70年代に話題になったローマ会議が、その次の40年を見渡すということで書いたのですね。ここではおもしろおかしく、「20のアドバイス」というものを出しています。これからの世界の一定の条件を考えると、もう諦めたほうがいいものもある。例えば、「生物多様性は今のうちに享受しよう」とは、今後のグローバル・ウォーミング（地球温暖化）で失われると予測しているということです。「化石資源をもとにした資産はある日突然に失われる」とは、石油会社に投資して株を持っていると危ないんじゃないかと、例えばそういうことです。

ただし、大きな鍵が技術革新です。この本にも、「最新の電子エンターティメントに投資しよう」、つまり、デジタル化が進むよという部分もあって、技術革新は大事なのですが、これをどう理解するかが大きな鍵です。私はこれをひしひしと感じたのは、法学部から今の先端研に移ったときでした。今でも法学部にいる仲間たちと話していると感じるのですが、法学部は世の中は変わらないものだという前提のもとにでき上がっている学部です。多くの法律学者たちは、できるだけ大きく変えないように、権利はしっかり守るようにという思考を出発点としています。大きく変わろうとするものに対して、こんなに問題があって大変であると学部教授会で言って、全学では工学部や医学部に対してブレーキをかける、そういうところでした。

それはそれでもちろん意味があるのですが、今、私のいる先端研はもともと工学部が母体であるものの、日本で唯一、専門分野がない研究所です。先端であれば分野を問わないので、私のような文系の人間も工学系の人もいろいろいるのです。最先端で研究している人たちは、もちろん変化が前提です。ただし、技術革新のその先についてはメディアには出ません。なぜかというと、みんなこっそりやっているからなのですね。しゃべると出てくる。技術革新のリテラシーはこうやって身につくのか、なるほどと思ったわけです。

つまり、方向性はあるのですが、メディアに出るのはその何歩か手前の部分です。その先、こういうことをやりたい、それが全部実現するわけではないのでポシャるのもたくさんあるのですが、いろいろな可能性の中で理工系の先端研究はその先のことを展望しているわけです。

■リテラシーがなくて自治ができるか

法律を勉強しているとそういうことは考えないように、考えないようにやります。そして、そういういわば手堅い職員を一生懸命養成してきたのが日本の事務系の公務員の大半だと思います。デジタル化の中で新しい情報システムがどんどん変わっていくでしょうから、それを使いこなしながら業務を行うとなると、変化の方向性を着実にとらえるようなある種の姿勢が求められてくると思います。このように職員や地方議員もそうですが、意識改革が必要になってくるのです。

ずっと流れを見ていると、２０００年代は政策に数値目標を挙げるべきだ、つまり「ナンバー」が問題になった。数字の裏付けのない政策を出すなと言ったわけですが、ここが２０１０年代に「データ」になって、今、「システム」という言葉が出てきている。これからはシステムをどう考えるかが大きな、大きなテーマになってくる。リテラシーの対象は徐々に変化していく、より構造的になっていくわけです。

そこで職員がどういうリテラシーを涵養するのかが求められてきます。このリテラシーが実は「自治」の基盤になるのではないかということでありまして、リテラシーがなくてどうして自治ができるかということになってしまいます。デジタル化が進んでくると、「私、デジタル化、わかりません」「うちの自治体の職員はだれ一人このリテラシーはありません」ではちょっとまずいわけですね。

しかし、現場は今、大変忙しいわけですから、一生懸命情報システムの勉強をするわけにもいかないだろうとなったときに、では専門職員を置くのかということです。これまでは、ベンダに投げてきたわけです。COCOA（厚生労働省が提供を始めた新型コロナウイルス接触確認アプリ）がうまく作動しなかったのは厚労省がベンダに丸投げだったからと言われますが、そんな職員を雇う余裕はないとやっているると丸投げになるわけです。それは国の問題なのですが、今後自治体はそれでいいのかということになってきます。システムに対する専門知、エキスパタイズとどう自治体が向き合うか。これを抱えないと自治が成立しなくなる可能性があると私は考えています。

2　自治体戦略２０４０構想研究会から第32次地方制度調査会まで

■順番はスマート自治体が先

２０４０構想研究会でどういう議論をしたかというと、人口減は「忍び寄る」危機なので、長期的な問題と短期的な問題とを切り分けていこう。もちろん予算的には直近の課題が大切で、これまでの政策の積み重ねから明日の政策を考えますから、それで手一杯なのですね。だが、２０４０年の問題を考えると、やはりデジタル化が必要だよね、システムを標準化しましょうという課題が降ってくる。これはバック・キャスティングの1つのエフェクトだと思います。外から来たように見えますが、２０４０年問題を考えたときに1つの切り札にはなり得るわけですね。

３つの危機ということを言いました。これはいささかショック・ドクトリンを意識してしまっていてそれはそれで問題なのですが、まず「若者を吸収しながら老いていく東京圏と支え手を失う地方圏」、これをどうするか。第二に、「標準的な人生設計の消滅による雇用・教育の機能不全」、第三に、「スポンジ化する都市と朽ち果てるインフラ」です。こういうキャッチフレーズ的な危機を立てて、その対策としてこのスマート自治体が出てきたわけですね。「スマート自治体への転換」「公共私のベストミックスによるくらしの維持」「圏域マネジメントと二層制の柔軟化」(圏域連携)。圏域連携については新しい市町村合併になるのではないかとメディアなどから言われました。

当初、総務省の事務局から出てきた案は、圏域連携が最初でした。その次が公共私のベストミックスで、スマート自治体が最後にあったのですね。このときに議論したのは、システムの共通化でした。例えば、住民票の変更を申請する書式がなぜ自治体によって違うのかというケースを議論していました。そういうのは全部同じにすべきではないか、情報システムを共通化すれば圏域も連携しやすくなるのではないか、という議論になりました。私も含めて委員から言ったのは、順番はスマート自治体が先ではないか、標準化を進めないのに圏域連携を先にしても進まないのではないかという議論をしたわけです。圏域連携に待ったをかけようということでありまして、デジタル化のほうで動かせないかということを最初に言ってみようということでこう書いてあるわけですね。

何となく当時から雰囲気にあったのは、課題は内政全般なのですが、「本研究会において議論すべきは、新たな自治体と各府省の施策(アプリケーション)の機能が最大限発揮できるようにするための自治体行政(OS)の書き換えである」。つまり、自治法のほうがOSであり、水道事業とかまちづくりの様々な法律やプログラム、これがアプリケーションだと、こういう比喩を使ってきたわけです。恐らくこの間に事務局の中で、マイナンバーを総務省は所管していましたから、デジタル化をもう少し使えないかという議論が進んでいったのだと思います。

しかし、32次地方制度調査会の諮問事項を見ますと、圏域連携がまた最初に来ていて、公共私のベストミックス、その他の必要な地方行政体制のあり方、ここがスマート自治体なのですが、デジタルの「デ」の字もなければスマート自治体の「ス」もないということであります。こういう形で諮問事項が出て、やはり政府は圏域連携に関心があるのかなというふうに思ったのでした。

確かに人口減の中で圏域連携も必要です。ただ、早急に進めようと思ってもできるわけではないということで、結局はデジタル化で事態を動かしていくということになったと私は思います。だから、人口減に長期的に対応するためのバック・キャスティングの手法としていろいろ議論したのですが、私は突破するならここだろうと今でも思っています。

3　現地調査とキーコンセプト

■自治の基盤があって連携する

しかし圏域連携といっても、その自治体が息も絶え絶えになっていたら、吸収合併のほうに行くだろうと思います。吸収合併されないぐらいの自治の力があるから連携になるわけで、自治の基盤があって連携するわけですね。

そうだとしますと、基盤をお互いに持った上で、なおかつ連携しないという選択肢もある中で、どうやって連携を選択するのか。そこで幾つかの条件を出せないかということで、私などもかなり早い段階で提案したのですが、地域の未来予測（地域カルテ）です。地域のいろいろな政策情報を共有できないか。それによって、どういうニーズが個々の自治体単位ではなくて、もっとより広い圏域単位であるかないかを考えられるのではないかと議論しました。

デジタル化というのは、標準化も大事なのですが、標準化のもとにあるデータをどう共有するかということが実は非常に難しいわけですね。10年後、20年後のその自治体における政策情報のデータは部局ごとに持っていても、他部局とは共有しない自治体が多いわけです。ましてや近隣の自治体と共有するわけがないという状況があります。むしろ戦略的にデータを共有しながらどういうふうに地域で協力して人口減に立ち向かうかを考えるべきではないか。

やや話がデータと外れますが、あるところでデータが使える若い世代のローカルリーダーに会って話をしたのですね。仲間でNPO的にまちの空き家を改築して起業しようとか、そういう若者がいて本当に元気なのですね。その人たちに聞いたのです。皆さん、地域でいろいろ問題を解決するとか言って車座になって飲んだりとかしますかと言ったら「はぁ？」という顔をするのですね。そんなことするわけないでしょうと言うのです。

横に市役所の企画部門のリーダーの人がいて、大丈夫ですか、この人たちは地域の議員さんとかとどうやっているのですかと聞くと、「いやぁ、私がいろいろ説明しています。彼らはあれでいいんです」と。こういう間をつなぐ人がいる。なるほど彼らには自由にやらせている。今のZ世代ですから、そういう発想ではないわけです。でもそういう人じゃないと起業するとか、まちおこしで頑張るといった人材として育たないでしょう。そうなるとバックアップする中高年齢層が大事になってくる。デジタルもそうです。世代ごとに関心とかデジタルとの向き合い方が今後どんどん急速に変わっていく中でどう間をとるかというのは、私ももう中高年ですので、課題であるということです。

■情報システム問題は圏域連携と結びついている

そこでスマート自治体なのですが、このときに出てきたときの含意は、第一に突破するための破壊的イノベーションに期待しよう。これはもうほとんど破れかぶれだなと思って聞いていました。デジタル化というのは概ねそういうところがあります。やってみて考える。うまくいくかどうかわからないが、やってみて考える。これは法学部的な世界ではない。やってみて責任問題が出たらどうするかとか、こういう問題を全部潰してからやりましょうとなるともう何もできないことになるわけです。

私もＡＩ市長をつくりたいという宮崎県小林市と一緒に何かやろうと言って、さすがにＡＩ市長はすぐにはできないわけですが、ＡＩ化でいろいろ協力できないかということでやっています。多分破壊的イノベーションに期待しながら、そこまでは行かないとわかったときに、じゃあ何を次にやるかを考えていくことになるわけです。これはもう未来社会論になっていきます。破れかぶれのように見えるが、未来社会について何の感度もないと情報システムの問題は見えてこないことになるのですね。技術の先の先が大体どっちに進むかわかっている人が見るとある程度見えています。だから、これをリテラシーとして共有していくことが求められています。

情報システム問題が圏域連携と結びついて発想されているということは、念頭に置かれたほうがいいと思います。圏域連携が嫌なら情報システムから背を向けるかというと、そうではないのですが、情報システムが共通化、標準化していくことになるとその先、じゃあ圏域をどうするのかという問題は必ず出てくると思っていたほうがいいと思います。システムの標準化による連携の促進であるとか地域の未来予測を、システムとは別にデータとして共有することでどうこの先を考えていくのかということを見ていくことになるわけですね。

　ただ、システムの標準化については、国がどこまでやるか、自治体がどこまでそれを創意工夫するかということを切り分ける方針を立てていますが、地域の未来予測は別に国と共有する必要はなくて、せいぜい都道府県と市町村の範囲で共有すればいいということになります。これは各自治体で、自治体内の部局の話も含めて考えていくべきだと思います。まだ全然モデルがないので、地域ごとに新しい手法を開発することによって、更に自治をより発展させるための連携、あるいは協力が見えてくるのでしょう。

4　今後の改革の方向性と理論的含意

■データを使って地域を駆動させる

　32次地方制度調査会は、穏当な範囲で最終報告をとりまとめました。地域運営組織の強化とか専門職員の共同化、あるいは圏域連携のための計画段階での協議の制度化というような自治法関係の提言もしました。

　ただし、最終報告は項目としてデジタル化が最初に来ています。諮問の順番と違うわけですが、やはりデジタル化が核心なのだという展開になってきました。だから、菅さんが総理大臣になったからデジタル庁はできましたが、大きな底流としてその前からあったわけです。

その後の検討はまず地域の未来予測をどうやって作成するか。どういう指標をとるかを議論しています。横浜市がこの問題を積極的に取り上げて、近隣の川崎市も含めてモデル的にいろいろ取り組んでいます。その地域の中核的な自治体がどれだけ近隣の自治体のことを考えながら動けるかということが非常に大きなポイントになってきます。

ただ本来の未来予測には、もっといろいろなレイヤー（階層）があるはずです。例えば水道事業や図書館などのインフラを地域の未来図に一つ一つ重ねることで、課題が見えてくるのではないかという話を雑談でしました。デジタル化は標準化で終わるはずではなくて、データを使って地域をもっと駆動させようとか、大きな政策課題があってデジタル化と言うべきなのです。

■集権化してもワークしない

「デジタル化のもとで集権化が不可避か？」というテーマがあります。分権化が進んだ、例えばイギリスとか、あるいはドイツやカナダやオーストラリア、アメリカといった連邦制の国家を念頭に置いて議論すると、人口1億2000万でユニタリーシステム（単一政府制）をとっていて、先進国であり、かつ非常に行政サービスに対する市民の評価基準が厳しいのは日本だけです。そこで集権化をやると大変なことになるわけですね。

アメリカは例えばワクチンを打つにも、真冬のニューヨーク、零下で2時間並んでみんな外に立っていたとか言います。いろいろな混乱が現場で起こってもまあしょうがないと、欧米の社会はそもそもそういうふうにでき上がっている。それが許されない日本で、今回は特にコロナ関係で非常に短期的に個々の市民に行政サービスを直接提供するようなプログラムを新しく作らなければならない事例が多かったので、うまくいくわけがありませんでした。

ただ、これがどうやら、次の33次地方制度調査会で検討する方向に進んでいるようですので、どうなるかということです。私の感覚でもそれが無理だというロジックを立てないといけない。つまり、集権化しようとしてしてみたところで、それではワークしませんと言わなければいけませんが、こうしたデジタル化に関わる集権の是非についても、今後議論となっていくものと思われます。

■人口動態の中でデジタル化のスピードが変わってきてもいい

さて、２０４０構想研究会では、プラットフォームとしての自治体ということを当初から言っていました。つまり、自治体の業務はフル装備にする必要があるとは限らず、必要な行政サービスのセットは、プラットフォームのように随時入れ替えもできるだろうというモデルです。そうであれば、まず技術革新による新型情報システムの導入があったとします。それを使いながら庁内調整や社会連携や自治体連携は対面で行う。それ以外の部分をできるだけ自動化していく、あるいはデジタルで置き換えていく方向が長期的には求められるのだろうと思っています。

つまり、対面とデジタルによる仕事の処理をどういうふうに振り分けていくか。全て対面でやっていたわけですが、恐らくそれでは足りなくなる。一人複役というのはできるだけデジタルの部分の役柄、その役割と対面での役割とを切り分けることがこれからは必要になっていくということなのですね。そうだとしたときに、連携というのはデジタルだけでは難しいと思いますので、信頼関係をどこでつくっていくかを考えると、マンパワーを対面で使っていくことになるわけです。

地域カルテとか未来予測の作成がいろいろな形で求められるだろう。人口動態、施設配置、交通計画、医療など、そういうものを入れ込んで何が不足するか、圏域のどこと融通が可能か、これを住民や自治体間で共有することによって、ボトムアップでどういう協力ができるかという枠組みが見えてくるだろうと思って考えていたわけです。

最初に人口減が影響を与えるのは医療施設であるとか専門職員の問題です。そこから先、いろいろなところに問題が連鎖的に波及するようになると大変です。概ね人口減というのは長期的にダラダラと進んでいく過程ですから、問題も少しずつあらわれてくる。そうであるならば何らかの形で解決する余裕はあるのでしょうが、そうではなくて、あるときから急にそれが波及するようになるとちょっと対応できなくなってしまうわけです。

そこで、２０４０構想研究会では、高齢者の人口増減率と労働人口増減率とをプロットした図を作りました。余り両方とも増えない真ん中の白い地域があるのです。人口動態が安定しているところです。ここは果たしてデジタル化が必要なのか。そうではなくて、高齢者の人口は増えるが、若者の人口は減っていく自治体は非常に大きな課題を集中的に抱えてしまう。そこはデジタル化が必要であろうとなってくる。人口動態の中でデジタル化のスピードも変わってきてもいいとは言えるだろうと思います。

■「リビングラボ」という試み

他方、比較的余裕のある大きな自治体であれば実験的取組ができるのではないか。先ほど紹介したように我々先端研では「リビングラボ」というプロジェクトを始めています。北欧で考案された社会参加を含む実験的取組を繰り返しながら新しい手法を開発しようというものです。先端研では、連携先の自治体や地域の大学・企業、それと東京の企業や海外とを結びつけながらいろいろな実験的な試みをサイクルのように繰り返せるのではないかと考えました。

例えば材料工学とかエネルギーとか医療とか、それぞれのラボが、こうした分野に強みをもつ自治体と連携しています。それらを一旦、ラボと自治体から研究所と自治体の連携へとして格上げしてみると、例えば和歌山県は生命系のラボとコラボしていたのですが、先端研との提携となった後、私が今度、日経・FT感染症会議の国の意思決定の検証というワーキンググループで司会をするのですが、和歌山県の担当者に出てくれませんかと頼むとすぐ出てくれるよう取り計らってくれます。

こうやってラボと自治体との連携が多彩に進んでいきます。これをもう少し地域の現場につなげられないか。公務員の方々の研修を集中的にやるとか、あるいはリーダー間のコミュニケーションの場をつくろうとして、この間、渋谷区長と神戸市長の対談をやってみたのです。

■オンライン議会は「練習」と「研修」が不可欠

人口減による自治体の対処というときに、自治体の情報システムがどの程度行政サービス供給を合理化するかということにも触れておきましょう。AIなどの技術革新の可能性や職員不足を補う要因となるかということは非常に大きなテーマだと思います。

最近私が調べたことでお話しすると、地方議会のオンライン化が、かなり日本で進んできています。これは昨年、欧米でロックダウンをしましたので議員も出ることができないということで急速に進みました。私も、特にイギリスをよく見ましたが、向こうではVirtual Councilと言うのですね。つまり、オンラインではなくてバーチャルである。VR技術をできるだけ取り入れて、技術革新に対応したいと言っている。最終的にはハイブリッド型が推奨されたのですが、時限法を使って、出席しなくてもオンラインで進めていいという制度の枠組みの中でいろいろな取り組みがされているのです。自治体の団体が編集したハンドブックを見ると、トレーニングが大事で、テスト、テスト、テストと何度も準備を繰り返して本番に臨むのだとなっています。試行錯誤の中でいろいろな取り組みを進めている。できればこれを恒久的にしたいと言っています。

日本では出席要件が憲法上国会に規定されています。オンライン議会は、国会の衆参法制局にインタビューしたら、割と積極的なのですが、慣例を尊重する事務局のほうが消極的で、出席要件の緩和は進んでいません。それにあわせて地方でも出席要件は地方自治法上規定されており、ここの解釈は変わっていません。日立市などは、委員会で積極的にオンライン議会を進めています。議員の場合は職員よりも個人プレーが多いので、議員のデジタル技術のリテラシーを高める必要が必要になってくる。とにかく「練習」と「研修」が不可欠です。

海外の例を見ていて、興味深いのは、ただ会議のビデオを流すだけではなくて、今の議題が常に文字で画面に出ているのですね。これは大事なことで、いきなり見ると何の話をしているかわからない。画面では、横の方から資料をダウンロードできるようになっている。そういう設計をするとオンラインの議会でも非常に市民も見やすい。これは市民にとっては議会が身近になるチャンスなのです。

こうしてつくりこみ方次第で全然効果が違うことが、わかってきました。議員たちは機器操作に気をとられていましたし、アップロードの仕方もまだ全然試行錯誤ですが、市民にとって身近になるか、あるいは議員にとって使いやすくなるかは、非常に細かい技術の集積です。

私が学生だった30年ぐらい前は、文系はゼネラリストであってそういう細かい作業は理系の人に任せて自分は何もしない、手を組んで見ているという感じでしたが、今はこれではだめです。やはり自分で手を動かして機器を接続することが大切なのです。デジタル化と一口に言っても、単に画面を見ていればいいというわけではないのです。

■非平時の中での自治とは何か

自治体情報システムの標準化についてはレベル区分が重要です。業務があって、基幹系システムがあって、更にハードウェアとＯＳがありますね。これを一体どういうふうにつなげるか。特にハードウェア、ＯＳ、基幹系システムを全部丸投げしていいかということになるわけです。これが10年、20年に一度の更新ならいいのですが、日々システムは新しいバージョンに切り替わっていくわけです。そうなると、担当者がいなくなると全てブラックボックス化することが、企業でも起こり得るわけで、これをどういうふうに自治体が自治のもとの技術として自分のものにできるかが問われている。

国は基幹システムを担当する。その他技術革新によるものであれば、自治体の自主的取組が重要という切り分けをしているのですが、自治体の自主的取組、あるいは個々人の職員の取り組みとは一体何なのかがこれからいろいろな場で問われてくると思います。とにかく、多面的な局面でＤＸ化が進んでいる。そのスピードが加速していくことは間違いないとすると、やはり人材育成や研修の仕組みを考えなければいけないということなのですね。

職員個々人の業務負担を軽くすることが本来の目的です。庁内のやりとりも簡略化し、市民との対面関係を重視したり、あるいは地域活動への参画、特に人口減が進んだ村とかでは村役場の職員が地域活動に参画する時間をつくるためにデジタル化をすることが有益なのです。デジタル化に職員が巻き込まれないためにこそデジタルリテラシーを持つことが必要であり、一体我々はどうやって時間を捻出していろいろな役をこなすのかが問われています。

デジタル化が自治の質をどう変えるのか。今、総務省に置かれた「デジタル時代の地方自治のあり方に関する研究会」で議論しています。例えばアジャイル・ガバナンス（周辺の環境変化に合わせてアップデートしていくガバナンス）という形でそれぞれのアクターは自分の持つアプリを使う。そのアプリを連動させれば、ガバナンスはそのアプリを介して自動的に粛々と秩序ができるのではないかといった手法も紹介されています。

その中で自治が本当にうまく作動するのか。基本的に自治の役割は平時の中で行われているのですが、非平時のときにどうするか。非平時だから集権化、トップダウンでは必ずしもないので、むしろ非平時のときこそいわばルーチンとは違う形で国と自治体のコミュニケーションを密にしなければいけないわけですよね。密にしなければトップダウンも当然効かないときに、じゃあこれをどういうふうにつくるのかが問われているわけです。

ただ、この議論は、自治を機能的に、つまり役割の中で問うていますが、自治の価値があるとすると、それは機能的なものではないわけです。それをどういうふうに今後、確保していくか。つまり、危機の中での自治、非平時の中での自治とは何かということも問われてくると思うわけです。

■セクショナリズムの枠組みでは済まなくなる

コロナが本当に非平時なのかはやや疑問ですが、今後さらに病毒性の強い感染症が蔓延したとき内政分野はどうなるのでしょうか。

今まで内政分野では、国はいわゆるセクショナリズムで対応していた。これが一番効率的だったわけです。国は全部各省バラバラ、自治体は総合行政というところでクッションを置いて時間をかけて処理していればすんでいました。ところが、情報技術の革新によって、決定手続の加速化や決定内容の解像度が高度化する。今日配布した私の資料は昔ながらのレジュメ方式ですが、役所のいわゆるポンチ絵のような資料と比べると、明らかに情報量は役所の資料のほうが多いわけです。解像度が高度化している。更にSNSがありますから世論の反発リスクも高まる中で、一体どうやってこの内政分野で意思決定を進めるのか。セクショナリズムの枠組みでは済まなくなっているのです。

情報公開もないと信頼が生まれません。情報発信については、今、手探りでSNSとかやっていますが、あれももうちょっと組織化できるのではないかと思います。討議のスタイルも、例えば全員がその場にいなくてもよくてオンラインで参加する。オンラインで参加しても対面の人とできるだけ同じようにやれるというのは不可能ではないと思います。そのときに、国で言えば内政諮問会議、つまり内政全般を見渡すような会議体は考えられないか。これがデジタル化によって初めて可能になるのだと思います。

これまでは、例えば知事さん、市長さんが地方から出てくるとなると日程調整が大変だったのですね。でも、そういう首長さんたち、地方の人はオンラインで構わない。例えば、全身アバター（ユーザーを模したキャラクター）をつくると本人がそこでしゃべっているようなことができなくもないです。Zoomは解像度がいまひとつ物足りないではないですか。解像度が上がると本当にそこに人がいるように見えて、オンラインもオンサイトも変わりなく議論することができるのかもしれません。

実はオンラインで大事なのは画像ではなくて音だと言われています。そこに人がいるような声が、例えば震えがあったりするとかなり臨場感が高まる。これはＶＲの専門家が言っていました。だからマイクは大事なのです。

これは国レベルですが、自治体レベルでも都道府県でも市町村でもやれる話だとなったときに、一体どうやってこの内政、あるいは自治の決め方を考えるか。実は対応策はほぼ出尽くしているのですね。どう決めるかが問題になったときの情報システムの利用は、情報システムに限らずいろいろなデジタル化のツールにあります。今はまだ試行期間だと思いますが、トライアル・アンド・エラーの時代なのではないかということで私の話は終わらせていただきたいと思います。

御清聴、ありがとうございました。（拍手）

報告❶

自治体情報システム標準化・統一化の動向と課題

松岡清志
〔静岡県立大学〕

■自治体DXをめぐる経緯

静岡県立大学経営情報学部の松岡と申します。簡単に自己紹介をします。前職は、元々総務省が設立した電子政府に関する研究所である行政情報システム研究所で、リサーチやこのようなシンポジウムの企画と、隔月で出している雑誌の編集などをやっていました。今年から静岡県立大学のほうに着任をしたという次第です。

最初に、標準化・共通化の背景と政策動向を簡単にお話して、次に、自治体の現状はどうなのという話をしたいと思います。その次が今回、私のお題としてはメインになると思いますが、今後の取り組みに向けた課題としてどういうところがあるのかというお話をしたいと思います。

最初に背景の話ですが、先ほど牧原先生のほうから「自治体戦略２０４０構想研究会」のスマート自治体の話がありました。それを受けて、「スマート自治体研究会（地方自治体における業務プロセス・システムの標準化及びＡＩ・ロボティクスの活用に関する研究会）」が２０１８年９月から総務省に設置されましたが、その中で課題が整理されて、具体的な方策として業務プロセスの標準化とかシステムの標準化、それに伴うデータの標準化の話、様式・帳票の標準化を含めて推進しようという話が出ました。

その流れとまた別に、これは自治体に限らず行政全体のデジタル化ということで２０１９年５月、デジタル手続法の成立がありました。それから、２０２１年５月ですが、デジタル改革関連６法が成立して、この中に地方公共団体情報システムの標準化に関する法律が入っているということです。

「デジタル・ガバメント」という言葉が日本で最初に使われたのが、２０１７年５月の「デジタル・ガバメント推進方針」です。それを具体化した「デジタル・ガバメント実行計画」が２０１８年の1月にできて、毎年改定をされています。

また、行政のデジタル化に限らず、社会全体のデジタル化の戦略計画として「世界最先端デジタル国家創造宣言・官民データ活用推進基本計画」があります。これは２０１８年6月に最初にできて、その後、毎年改定され、２０２１年6月には名前が変わって、「デジタル社会の実現に向けた重点計画」となっています。よく「ＩＴ戦略」と言っているのがこれです。

今回の自治体のデジタル化、ＤＸについては、２０２０年12月、「自治体ＤＸ推進計画」が初めてつくられた計画になります。「自治体ＤＸ推進計画」の中身ですが、自治体が重点的に取り組むべき事項とか内容を具体化するとともに、総務省と関係省庁による支援策を取りまとめています。重点事項としては6点ありますが、その中に情報システムの標準化・共通化というのが入っています。併せて体制整備や人材の確保・育成も並行して行いますと書かれています。

先ほど名前が変わったと申し上げた「デジタル社会の実現に向けた重点計画」について、今回の話に関係するところで言うと、基幹業務システムを利用する原則全ての自治体が２０２５年度までにガバメントクラウド上に構築された、標準化基準に適合した基幹業務システムに移行してくださいとあります。さらに、国・地方自治体、それから準公共の情報システムに関する整備方針を策定しますよとあります。

ここまでが戦略や計画ですが、その標準化・共通化というものをどういうふうに進めるのかという話が、「自治体ＤＸ推進手順書」になります。「自治体ＤＸ」と言っていますので、情報システムの標準化・共通化以外のことも入っています。「自治体ＤＸ推進手順書」は「自治体情報システムの標準化・共通化に関する手順書」、「自治体の行政手続のオンライン化に係る手順書」、「参考事例集」という４つのドキュメントで構成をされています。

■標準化に向けた状況

次に、自治体の現状はどうなっているのかという話です。まずクラウドの導入状況について紹介をしたいと思います。総務省が毎年調査を行って取りまとめている「地方自治情報管理概要」によると、昨年度時点で１２７９の市区町村がクラウドを導入していて、６年前との比較で言うと７２９増え、2倍ちょっとになっています。クラウドを導入している各都道府県内の市区町村の割合は平均で言うと大体7割ちょっとです。一番多いところだと、栃木県96％、一番少ない愛媛県で4割ということになります。

このうち、複数の市町村が共同でクラウドを導入しているのは１０６グループで６１１の市区町村になります。直感的に考えると、同じ都道府県内の自治体でグループをつくるのが自然だと思われますが、複数の都道府県に属する市町村にまたがるグループも存在しています。

クラウド導入の市区町村数の推移ですが、２０１４年4月に５５０だったのが２０２０年4月には１２７９になっています。詳細については自治体クラウドポータルサイトに、どの市区町村がクラウドを使っているか、あるいは共同で使っているかというのが載っています。

今回、システムの標準化が準拠しているのは地域情報プラットフォームです。例えば住民基本台帳に関しては、今年度までに導入済み、またはその予定があるのが１７１４市区町村です。95％の自治体でもう既に地域情報プラットフォームを使っています。戸籍に関しては92・7％、個人住民税に関しては95・7％、法人住民税で92・6％。ほぼ9割程度の自治体で地域情報プラットフォームを活用しているということになります。

システムの共同利用については、総務省の調査自体が電子入札、電子納付、公共施設予約、図書館の蔵書検索・予約システム、この5つについてだけなので、今回の17業務とは直接重ならないのですが、例えば電子入札などでは６１２自治体、34・2％なので、3割程度の自治体が共同利用の取り組みをやっています。

今回の標準化・共同化の話では、カスタマイズを抑制するのが主眼の一つに置かれているのですが、カスタマイズを最低限に抑えるためのルールをつくっているのは、今のところ５３７自治体、3割ということです。一方で、ルールはつくっていないけれども、カスタマイズが本当に必要なのかということを庁内で検討、精査する仕組みを入れているのは、65・6％の市区町村という結果が出ています。

いろいろ数字をお示ししてきたのですが、まとめると、クラウドの導入、あるいは標準化の共同化とかの取り組みというのはゼロから今、始めないといけないような、全く何もやっていない状態なのかというと必ずしもそうではなくて、一部の自治体においてはもう既にそういう素地、ベースはあると見ていただくのが妥当ではないかという結果になります。

ただし、素地があるとはいえ、今回の取り組みは対象業務が17と非常に多いのと、17業務、それぞれに非常に基幹的な業務であるので、拙速に進めるというのはなかなか難しいところです。取り組みの推進にはやはり慎重さが求められるような領域になると思います。

■今後の取り組み推進にあたっての課題：スケジュールとコスト

では、そういう中でどういう課題が想定されるかという、ある意味、私に与えられたお題の本題のところをお話していきたいと思います。大きく次の６つに分けてお話をしたいと思います。

①対応完了までのタイムスケジュール
②移行コスト
③データマネジメント
④小規模自治体の対応
⑤デジタル人材の制約
⑥国と自治体との協議・連携の場

まずスケジュール感です。直感的に言うとそのスケジュール感が一番課題になると思っています。先ほど申し上げた手順書の中に10個の工程があります。それぞれに関して想定する月数も手順書に書いてあり、それを足し合わせると、１つのシステムに関して最短で丸一年、長くなってしまうと30ヵ月なので2年半ぐらいかかることになります。これは１つのシステムに関してです。ベンダを切り替えない場合だとちょっと短くなるのですが、それでも12ヵ月はかかります。

今、検討が進められている仕様書ができていなくても自治体で作業ができる部分もありますが、仕様書ができて初めて手がつけられるものもあります。例えばそれが来年、再来年にできるとそこからスタートということになるということです。したがって、今、示されているスケジュール感でやるとすると、仕様書が早めにできてこないとなかなか厳しいということになります。

仕様書ができないと進みませんよという話をしたのですが、その仕様書の検討状況は今どうなのかという話をします。仕様書は国で検討会を開いて検討するのですが、その前段階として調査研究をやっている段階、あるいは調査研究をやる事業者に調達をかけている段階、つまり、検討中ではあるのだが、調査研究段階のものが半分あります。

先ほど問題提起のところで御紹介いただいたのですが、第1グループと第2グループで2段階に分けてやるということになっていて、第1グループでもまだ調査研究が終わった段階、つまり検討過程の議論が進んでいないのも幾つかあります。障害者福祉、介護保険についてはこれから検討会が開催されるという状況になります。仕様書の検討というのはこれからというのが結構まだあります。

自治体側からすると、ＩＴを導入するこれまでの情報化計画と今回のシステムの移行計画をどう調整するかというのは、非常に大事なポイントになってきます。静岡県内の市町村の情報化計画の終了年度を調べてみました。例えば島田市は２０２５年まで、沼津市は２０２５年まで、伊豆の国市は２０２６年までのように、２０２５年までとか２０２６年までとなっているものは、去年とか今年にできているものなので、今の標準化・共通化の動向が反映されています。これらは移行計画と整合性がとりやすいところなのですが、例えば牧之原市のように２０２２年までとなるとタイミング的には微妙になるので、どういうふうに整合性を確保するかというのも課題になる。情報化計画とシステムの移行計画のタイミングがちぐはぐになると職員としては負担になってくるので、そのあたりをどうするのかというのが課題になってくると思います。これがまずスケジュールの話です。

それからコストに関して言うと、非常に心配される方が多いと思うのですが、一応今のところ移行コストに関してはJ-LISを通じて各自治体に補助をします。補助率は一応10／10、つまり10割面倒を見てくれるということになっています。ただ、人口規模別に上限額というのがあって、この上限額が本当にシステム移行の経費として十分なのかというのは、正直、私も規模感がよくわからないので、そこはどうなのかなというところはあります。

一応システム移行に関しては10／10移行経費はみてくれる。また人材の財政支援については１／２になっています。システム移行のコストに関しては、上限額の話を含めると、十分な経費が計上されるかというと、これは今後見ておかないといけません。

次にデータの話ですが、システムの標準化はシステムだけそろえればいいという話ではなくて、データ自体の、例えばそのデータの形式、典型的に言うと半角の数字にするか全角の数字にするかみたいな話から始まりますが、それも標準化しないと使えるデータにはならない。データに関してもケアしないといけない。行政機関の保有するデータを公開する「オープンデータ」という取り組みをしている自治体ではデータマネジメントの意識がついているのですが、それ以外の自治体では今後、取り組まないといけない。これは結構手間がかかる作業なのですが、ここも大事になってきます。

私が前職でいた行政情報システム研究所では、3年前にデータマネジメントに関してどういうふうにやっていけばいいのかというハンドブックをつくりました。実務に役立つ内容で、同研究所のウェブサイトからダウンロードできますので、ぜひごらんいただければと思います。

■小規模自治体はいかに標準化に対応するか

4番目に、小規模自治体への対応です。現状を申し上げると、中規模程度の自治体では既存パッケージソフト、つまりいわゆる市販のソフトをそのまま使っているので、実は余りカスタマイズの心配は要りません。カスタマイズの話で面倒になってくるのは大規模自治体です。そこをどうするのかという話があります。もう一つは、非常に小規模なところで、特に手続のオンライン化をするほどの業務量もなかったところがどういうふうに対応していくかというところが大事になります。

手続のオンライン化について、システムを導入していなくて今後も計画策定の予定がない自治体というのは全国で、市でも40、町で216、村で76あります。こういう自治体は今後どういうふうに対応していくのか。これは人材の話にもつながってくるのですが、そういう自治体でどういうふうにしていくかということが今後、課題としてあります。

その人材の話でいくと、自治体の情報主管課の職員はどれぐらいいるのかというと、これも総務省の調査によれば、特別区22・2人、政令市は39人いますが、その他の市とか町村に行くと10人以下になる。標準化・共通化というのはDXの取り組みのあくまでも1つでしかありません。ほかにも手続のオンライン化もそうですし、もっとサービス自体をデジタル化するところもあるので、業務自体はこれからもっと増えていくわけです。今後、業務が増えていくのにどうやって進めるのかということが課題になると思います。

そこでよく言われているのは外部人材の活用という話です。外部人材は割といっぱいいるように見えるのですが、そういう人材が取り合いになっていて、そんなに人がいないというのが現状です。絶対数の不足という状況です。場合によっては市町村で共同して人材を活用することもあるのですが、なかなか厳しいところがあります。

民間企業に人材はいっぱいいるではないかと思われるかもしれませんが、実は民間企業から人材を出すと調達の制限にかかってしまう（人材を出した企業が受注できなくなる）ので、民間企業からは人を出しづらいところがあります。それが人材の確保の話です。

■国と自治体との協議・連携の「場」づくり
―自治体職員の目線をいかに取り込むか

それから、国と自治体との協議・連携の「場」で言いますと、今回、仕様書の策定に当たっては自治体の職員も参加した形で行っていますが、それはあくまでも仕様書の策定だけなので、それ以外に関しても国と自治体の職員が日常的に意見交換を行う仕組みが必要です。今回、「デジタル改革共創プラットフォーム」というのがつくられたのですが、デジタル庁ができた途端になぜかクローズされています。なぜだろうという感じなのですが、こういう場はやはり必要だと思います。

個人的にはやはり組織体として何か持っていたほうがいいのではないかと考えています。参考になるのが、例えばデンマークではデジタル戦略自体も策定には自治体の同意が必要になっています。それから常設的な組織体として、デジタル庁が議長を務めるポートフォリオ委員会というのがあって、費用分担の話とか個別プロジェクト、イニシアティブの話をやっています。

ドイツでも、これは連邦と州なのですが、ＩＴ計画評議会というのがあって、戦略とか個別のプロジェクトとか、まさにＩＴ標準化調整機関というのが置かれています。こういう場が必要ではないかということがあります。

最後に、前半の問題提起でも出てきたのですが、あくまでも標準化・共同化というのは手段です。標準化・共同化で職員の業務負担が増えるというのは極めて本末転倒の話です。標準仕様書の策定の中でそういう話はもちろん出てきているわけですが、業務のＢＰＲ（業務プロセスを見直し、改善すること）を含めた職員にも使いやすいシステム整備が重要になってくる。

その中で最近よく言われるのがデザイン思考という考え方です。デザイン思考の要素の大事な1つとしてユーザー中心というのがあるのですが、そこでは職員もユーザーとして捉えることが大事だと言われています。アメリカの「Digital Service Playbook」というのがあるのですが、ユーザーが職員であっても、政策形成者はちゃんとニーズを聞いてシステムを設計しないといけないということが言われています。ユーザー中心というと利用者、市民が第一に来るわけですが、職員の目線も忘れてはいけませんよということをお伝えしたいと思います。

私の話は以上になります。ありがとうございました。

（拍手）

報告❷

行政のデジタル化と個人データ

三木由希子

〔情報公開
クリアリングハウス〕

■デジタル化と個人情報

情報公開クリアリングハウスの三木と申します。よろしくお願いいたします。

私たちは情報公開の問題もやっているのですが、元々は自分の情報を知る権利という意味で本人開示の仕組みが必要で、そこから個人情報保護の仕組みに関心を持って関わるようになっていったという経緯があります。

「行政のデジタル化と個人データ」という大きなタイトルをつけました。デジタル化にはいろいろな議論がありますが、午前中に其田さんからお話がありましたとおり、不可避であるということも事実です。つまり今の自分たちにとって今の状態でもいいのだという議論はやはり正しい議論の仕方ではないだろうと思っています。

デジタル化の問題は個人情報とか監視社会化というのが常にセットで議論されるところもあります。ただ個人情報さえ守られればよいという単純な話でもないのが、議論する上で難しいところでもあると思っています。個人情報というのは利用が必要だから個人情報を保護する法制がつくられていくことになります。個人情報や個人データの問題は自分自身の問題ですが、社会の問題として理解していくという目線もすごく大事で、どこでバランス軸をとるかを考える必要があります。

■個人情報の利用のフローと集積を変えるデジタル化

デジタル改革で目指される社会像は、「デジタル社会の実現に向けた改革の基本方針」という閣議決定（２０２０年12月）で提示されました。そこではポストコロナの新しい社会像として、「デジタルの活用により、一人ひとりのニーズに合ったサービスを選ぶことができ、多様な幸せが実現できる社会」と示されています。

この目指される社会像は、詰まるところは個人最適化だと思っています。一人ひとりのニーズに合ったサービスを選ぶことができる状態というのは、言い換えれば一人ひとりの状況がよく把握・管理・集約されている状態であるになります。一人ひとりの状況をよく把握・管理・集約された状態があって初めて、行政サービスの個人最適化がされる。マイナンバー制度のもとでつくられるマイナポータルの中で想定されている世界が目指すのもこうした状況です。

そうなったときに、個人情報の一元管理という意味も変わってきていると思っています。一元管理の議論は古くからありまして、国民総背番号制という問題から始まり、個人情報がどこか1ヵ所に一元的に集約をされる状態について「一元管理」と長らく表現されてきました。

ただ、特にマイナンバー制度以降を考えると、世界的に見てもそうだと思うのですが、１ヵ所に個人情報を集めるというよりは、分散管理されているそれぞれの個人情報を連携して個人単位で一元的に必要に応じて把握をするという仕組みになってきています。それは、分散している個人情報を連携していくという個人情報の利用のフローと集積が変わることであり、こうした中でどのように民主的に管理されながら利用されていくのかや、それがシステム的にどういうふうに担保されていくのかを考える必要があります。

あともう一つ、個別最適化をされて便利になればなるほど、先ほどの牧原先生のお話にもありましたが、日本というのは行政サービスに厳しい評価をし、サービスの要求水準が高いので、サービスの質とかサービスの水準の向上を目指せば、よりデータを利用して個人の状況を把握する社会を促すことになっていきます。そのときにどこでバランスをとるのかについても、少し先を見ながら考えるべきだろうと思います。私自身は「行政サービス」という言葉自体が余り好きではないのですが、社会の中で何を公的なものとして維持するのかという議論もしていかないといけなくなると思っています。

■デジタル化の影響

大きな流れとして、今の流れにつながるものは、最初が電算化だったと思っています。住民票が電算処理された情報になったのが１９７０年代で、大型汎用コンピュータを導入して手処理から電算処理に業務の一部が移行していくというプロセスが最初だったのではないかと思います。

次の段階として電子化という段階に来て、マニュアル情報を電子データに置き換えていくことが始まる。２０００年の初めあたりは「電子政府」、「電子自治体」とよく言っていたわけですね。国は２００３年に行政手続オンラインのための法律ができて、オンライン化が始まっていく。次に、デジタル化になって、マニュアルでやっていることと同じことがデジタルでもできますという段階に進んできたと理解していいと思っています。

今、「デジタルトランスフォーメーション」という言葉が使われるようになってきましたが、私なりに理解すると、デジタル技術を使って業務や仕組みなどを再構築することも含んで使われているということになります。

その再構築の中にある行政サービスやさまざまな手続の多数は個人に対するものでありまして、それが私たちの日常に一番関わってきます。個人が手続や申請をする以上は個人情報のフローの変更を伴うと考えています。単にデジタル技術を使うというよりは、それを使って何を再構築しようとしているのかに目を向けないといけないと思っています。

午前中から御報告があったように総務省の研究会における検討があり、国のデジタル改革という流れがあり、そしてそれを支えるためにシステムの標準化とか共通化とかが起こって、その流れの中で自治体も含めた個人情報保護法制の一元化が起こった。これまでと同じがよいと言うだけで済むのかが強く問いかけられているということです。

■デジタル化とデータの利用と自治体の政策の質

そこで、私としては幾つか問いがあるのかなと思っています。1つが、「利便性とは何なのか」ということ、もう一つが「情報連携と自治」、3つ目が「個人データと個人の権利利益」、4つ目が「民間と公的機関の連携と相違」、最後に「個人情報の保護と有用性のバランス軸」で、この5つぐらいが私の頭の中で考えられる問いになると思っています。

まず利便性とは何なのかと言うと、マイナンバー制度もそうですが、技術を使うことはあくまでも手段であるということです。手段なので、政策に影響を与えるかもしれないが、政策の内容そのものを決めてくれるわけではない。

サービスや社会保障などの効率的な提供とか、業務処理とか、手続をする私たちの側の容易性という意味で、デジタル化という手段が利便性を担保するという説明で政策が推進されてきました。自治体としても利便性を拡充する、担保することが重要な政策目標にはなると思うのですね。ただし、決まった政策について技術を使って効率的に提供するということはある程度できると思うのですが、問題は何を提供するかというところに対する政策の信頼性がどうつくられるかだと思っています。

例えば2020年に、1人10万円の特別定額給付金が給付されることになりました。マイナンバー制度というデジタル技術を使って、いかにそれを効率的に早く届けるかという議論は成り立つと思うのですが、デジタル技術やマイナンバー制度があるから10万円が給付されるわけではないですね。デジタル技術があるからといって年金の金額が上がるとか、年金の受給開始年齢が下がるということにはならないのです。社会保障とかサービスの政策は技術や手段とは別に決まってくるものです。その政策形成、合意形成に対する一定の信頼とか納得がない中で、利便性を強調するということが果たして説得的かというところが問われなければいけない問題になってくると思います。

現在、ほとんどの行政サービスは国が直接行っていませんので、住民とか市民の今の状況を把握する個人情報を国はほとんど持っていない。その情報を持っているのは自治体になります。これから情報システムの標準化によってデータの標準化が進んでくると、自治体単位で今閉じこもっている個人情報が、匿名加工などをして個人データとして広く国の政策にも反映されてくるようになる。より効率的に集積、利用するという環境が整ってきます。

個人データを利用すること自体が問題だとは全く思っていないのですが、政策を判断するときに個人データが利用されたときのその質がどう担保されるのかは、これはまた別問題と思っているのです。政策をつくる側の判断軸やその信頼性によって、意味することが全然変わってきてしまうと思っています。

国だけではなくて、自治体も同じだと思うのですね。共通的な給付とかは別にしても、自治体として独自に様々な支援とか給付を行う、補助を行うといったときに、これまでの政策の質や水準は地域での合意形成の下で行われてきています。データを用いる場合も、多くの人の合意の下で行われる政策判断の質が担保されている自治体とそうでない自治体では、違った自治の形になっていく可能性はあると思います。デジタル技術とか個人データを利用するときには、それは手段なのでその先にある政策の質、政策判断や政策内容の質をどうやって確保するのかという議論とセットで考えないといけないと思っています。

■個人情報の情報連携と自治

情報連携と自治ということで言うと、利便性の追求がデジタル改革やマイナンバー制度に紐付いて議論されてきている。利便性を強調することでデジタル改革の正当性を主張するとか、利便性を追求することでマイナンバー制度の普及を目指すということになっています。利便性の追求というのは、特に新型コロナ禍においてかなり底が抜けた感じになってきていると思っています。個人情報とか個人データの利用に関する社会的な議論の雰囲気を変えたと思いますし、デジタル技術の利用に関しても同様だと思うのですね。個人単位で行政区域とか官民の壁を越えた情報連携に正当性を感じる人が増えてきていると思います。

そうなると、これまで自治体単位の行政組織という中で考えていたシステムの利用とか個人情報、個人データの利用について、枠組みを超えることに受容的に少なくとも今はなっている。そして、新型コロナ禍の前には、スマートシティで限定的であった個人情報の情報連携の範囲を広げて進めようというスーパーシティという仕組みを整備しています。

効率的な情報連携を安全に行うという点で、情報システムの標準化、基準化という議論に一定の合理性が出てきていることにもなるし、それがある種、多くの人に理解しやすくなってきていると思うのですね。この1年半とか2年の間に起こっていることは、そういうものに一定の合理性を与えているということですね。

そうなってくると、情報連携が進んでいく社会は、自治という単位というよりも、個人単位で自分にとってその政策とか制度がいいのか悪いのかが、政策判断の軸になるような社会になってくる。ここの自治体のこのサービスはいいのでほかの自治体も真似しようというよりも、自分にとってそれがいいのか、悪いのかというところに判断軸がどんどんシフトしていく。行政サービスに対する要求水準が自分単位で高くなればなるほど、一体どこで政策の合意形成が成り立つのかということがこれまでとは違う議論になる可能性があると思っています。

そういう意味では利便性の追求ということと、デジタル化の推進や個人データの利用推進の先にあるメリットとデメリットの議論がバランスを欠いてしまっているという気はしています。必ずメリットもあるけれども、負のインパクトもあるので、そっちに対する議論が不可視化されてきているという気がします。

■個人データの利用で生じる個人の権利利益への影響

個人データと個人の権利利益も考える必要があると思っている部分です。今回、個人情報保護法制が一元化されたことによって、これまでごく一部の自治体の個人情報保護条例にしか規定がなかった匿名加工された個人データを事業者が利用できるという仕組みを、少なくとも都道府県と政令市は義務的に、この先、提案募集を行わなければいけないことになります。市区町村に関しては、政令市以外は任意でやりたいところはやっていいですよという仕組みになる。

これまで、基本的に誰かがわかるという前提で個人情報の取扱いを規制してきましたが、匿名加工するという利用方法を認め、匿名化した情報（個人データ）を規制から外して利用を行うことになります。住民情報の利用の匿名化による一定の自由化をする制度が整備されたことになります。

個人情報保護制度は、個人の権利利益を保護するために個人情報の取扱いを規制するものですが、権利利益の保護の対象として個人が特定されていることを条件としています。匿名化した個人データは、誰かがわからないので個人の権利利益とは関係ないという整理になりますので、事業者にも利用ができるようにしましょうという仕組みになってくるわけです。

事業者だけではなくて、国も自治体が持っている個人情報の匿名加工データを集めて利用することもできるようになります。しかし、個人データを解析して利用した結果は個人に対するサービスとか商品とか、個人単位のサービスや政策に最終的には跳ね返ってくることになります。個人情報を直接利用して自分に何かが跳ね返ってくるという想定で個人情報保護制度はできているのですが、個人データというその外に出たものが解析、利用されることによって私たちの権利利益に跳ね返る構造になるということだと思います。個人データの利用も政策レベルで個人の権利利益と無関係ではない世界になってくるのです。

データに基づく政策が重視され、そういうものに使うこと自体は良いとは思うのですが、問題は、この匿名化された個人データというのは情報公開法制で言うと非公開情報に当たりますので、事業者を含む特定の人しかこのデータは見られない。そこで、このデータを利用して解析をする側の信頼性をどう担保するかや、データの信頼性をどう担保するかという仕組みがないと、何でこんな政策やサービスになって自分たちに跳ね返ってくるのかということがブラックボックスになってしまう可能性があります。

個人情報の問題に議論を限定してしまうと、誰かがわかるかどうかということを重視して制度を考えるのですが、政策形成という大きな枠で見たときには、そのスコープだと本来担保されるべき適正な状態みたいなものが担保できないかもしれないということがこの先、起こる可能性があると思っています。

■民間と公的機関の連携と自治的サービス

現に進められようとしているのが民間と公的機関との連携です。民間と公的機関が連携をすること自体はいいと思いますが、公的機関と民間というのは、明らかに違いがある組織であることを考えた上で、どうやって持続性を確保するかも考える必要があると思っています。

例えば、スマートシティやスーパーシティは、官民のデータ連携を前提にして進められる。どこか1ヵ所に個人情報を集めて管理するのではなく、それぞれが持っている個人情報を情報連携基盤のようなものを通じて連携させて利用していくということですね。

ただ、民間のサービスというのは経済収益性、採算性が重要視されます。カナダのトロントでグーグルがやろうとしたスマートシティが頓挫した理由の1つが収益性、経済採算性の問題で、もう一つが個人情報の収集段階の問題でした。そういう意味で民間サービスというのは、特にイノベーションや情報技術の分野では、やってみてだめだったらつぶして次に行こうというカルチャーなのですよね。

それ自体は民間ではよくある話で、うまくいかない可能性も踏まえて投資がされていくのであればいいと思うのですよね。個人データの利用も収益性確保のために行われるのが民間利用ということになるわけです。民間と連携していくというのは一部、そういうものを含むものになっていくと理解をしなければいけない。根幹的で基本的な自治的サービスや民間では代替のきかない住民サービスのところに、どうやってそういう違うロジックで動くものを取り込んでいくかは、意外に難しい問題になってくるのではないかと思っています。

公的機関は採算性を基準に物事の判別ができないところです。むしろ非採算部門をたくさん抱えている。民間ができないからやっていますということですよね。文化が違うというところで一緒にどうやって組み込んでやっていくのかは、私にはまだ想像がつかない世界だということだけ申し上げておきたいと思います。

個人データについては、この先、政策を取捨選択するために利用できることになるので、データをどう利用して政策を決定するかというプロセスの質と政策内容決定の質を自治体単位でもどうやって確保するのかを考えなければいけないと思います。

■個人情報の有用性と保護のバランス

個人情報保護と個人情報の有用性のバランス軸ということでは、業務プロセスの再編成が起こることも想定すると、冒頭に申し上げたとおり、個人情報のフローが変わる可能性があります。従来は自治体単位で制度をどうするかということを考えて個人情報保護条例も自治体ごとでつくってきた。この先も個人情報の保有主体は自治体で、そこを変えるという仕組みには今のところなっていませんが、１つの大きな法制の中に自治体が入ることによって自治体側の独自の選択肢はなくなってくる。自治体ごとの独自性が薄まれば、全体的な業務プロセスの再編を含むシステム改革とか制度改革がやりやすくなると思います。

その中で個人情報の利用のフローも変わってくる。個人情報保護法制では、例えばスーパーシティだと、希望している人はその枠組みに入るという、官民での個人情報の利用は基本的には本人同意で進めるとしています。ただ、個人情報保護法制は、民間は本人同意ベースが基本になりますが、公的部門というのは本人同意がなくてもいろいろなことができてしまう制度なのですね。これは一元化する法律でも同じですし、今の自治体の条例でも一緒です。

ただ、自治体の個人情報保護条例の場合、人権的観点から条例を制定しているところでは、本人同意を得ないで行政裁量的に個人情報を外部に提供するとか目的外で利用する場合に、審議会のような第三者機関をかませて民主的に統制しようという仕組みを入れています。一元化法によってほぼこの仕組みが駆逐されることになって、国が決めたガイドラインに沿って自治体は対応することが想定されています。民主的統制を弱める方向に制度が変わっていく中で、住民に対してどのように説明責任を果たすのかとか、透明性を確保するのかを念頭に置いて、何らかの仕組みを埋め込んでいかざるを得ないと思っています。更に言えば、本人同意が成立するという要件も問題で、どういう要件が備わっていると本人同意が成立しているのかということ自体も問題になります。

■デジタル改革と市民社会

デジタル改革と市民社会ということで言うと、デジタル技術と個人情報は似たところがあると思っていまして、それは利用目的でその効果や影響が規定されることだと思うのです。監視技術も行政サービスに使うデジタル技術も、技術的に大きな相違があるわけではなく基本的なところは同じようなものだと思うのです。だから、監視活動に使う個人情報と行政サービスに使う個人情報は基本的には同じもので、使い方によって意味が変わってくる、効果が変わってくると思っています。

データに基づく政策形成自体も、それ自体、私はすべきだと思うのですが、デジタル改革とかデータに基づく政策形成の正当性とか妥当性を民主的に評価する仕組みには一体どんなものがあるのか。個人情報の問題も、今、自治体からいろいろなものが引き剥がされることで物事は動いていますが、これまであった民主的なプロセスが完全に排除されてしまうと、逆向きの改革になってしまうことになります。そこでそういう仕組みを再構築していくという議論も現実的にしなければいけないのではないかと考えています。

以上で終わりたいと思います。ありがとうございました。（拍手）

討論

司会　今井　照

〔地方自治総合研究所〕

■国で議論した話を市民社会に戻す

○**司会**　４人の方のお話を聞いてきたわけですが、これから相互に質問、コメントのやりとりをしつつ、オンラインで参加している方からの質問にリプライしていきたいと思います。

全体の流れとしては、まず松岡さんと三木さんの報告を取り上げ、次に牧原さんのお話についてのやりとりをします。その上で参加者から送られている質問に対してそれぞれの方からリプライしてもらいます。

では、最初に牧原さんから、松岡さんと三木さんの話について、口火を切っていただきたいと思います。

○**牧原**　三木さんの御報告では、デジタル化の中で、ある種の個人化が進んでいる、それに対して企業なり何なりが働きかけたときの倫理性をどう担保するかというお話だったと思います。他方、松岡さんの御報告ですと、システムの標準化が進みますから、特に今後の取り組みの中で国と自治体の連携、あるいは自治体間の連携の場が必要である、つまり自治体同士の個別化をどういうふうに補っていくかという話と感じました。

そこで、まず松岡さんにお聞きしたいのは、２０２５

年までに標準化を進めるというスケジュールはタイトであるというお話だったと思うのですが、この全体の移行プロセスはスムーズに行くのか、それともいろいろなところで問題が起こりそうなのかというあたりです。スムーズに行くのであれば時間をかけてゆっくりでもやれば済む感じはするのですが、何かそうでもない感じがします。デジタル改革共創プラットフォームという意見交換の場、おもしろいと思っていましたが、これが閉鎖されたというのは一体どういうことかよくわかりません。そのようなスムーズに行かない話もちらっと見えるところもあったのでお尋ねしたいというのが1つです。

2つ目は、やはり標準化というのは最終目標ですから、その間、自治体間や職員間でどういう協議、連携があると望ましいのかです。その2つです。

三木さんのお話は目からうろこでして、やはり国で議論した話はもう一回市民社会に戻す必要があると改めて思いました。国での議論は標準化、特にこの共通化の話では、まさに松岡さんの御報告の最後に、職員もユーザーとしてとらえることの重要性をおっしゃっていますが、それしか考えていなかった。その段階でとまっていたと思います。

つまり、人口減が自治体の職員の減にも跳ね返っていくのではないか、だからこそ、それを補うための標準化、あるいはデジタル情報システムの整備という面もあったわけです。もちろん最終的にそれは個人データであり、そのデータを使う市民がどうワンストップで利用しやすくなるかということにもなるということだと思うのです。そのときに、職員の話はどう見たらいいのか。職員も実はユーザーとして情報システムをうまく利用できるとは限らないわけですが、職員も個人化して自分のディスプレイを大きくしたりして適応しなければいけないのだとすると、何となくそこでも問題が出そうな感じがするので、それがどうかというのが1つ目の質問でございます。

2つ目の質問は、民間企業の利益追求と個人情報保護の問題をおっしゃっていたと思うのですが、その前に、研究として使う面が出てくるのではないかと思うのですね。大学もそうですし、シンクタンクもそうですが、政策研究で使われるのではないかと。そのとき、研究における倫理が問われる感じがします。今回、コロナのPCR検査を先端研で行うというプロジェクトがあったとき、医療行為としての倫理審査をしました。そのときは個人情報についても議論をした記憶があるのですが、個人情報の保護、あるいは利用のためのある種の審査みたいなものが必要なのかという感じがしました。そこの倫理性をどう考えればいいのかということを尋ねしたいと思いました。

○其田　私からは、問題提起でも申し上げたことの中から、具体的に自治体においてどのように考えたらいいのかという観点から1つずつお伺いしようと思います。

まず松岡さんには、システム標準仕様書と自治体の対応の関係です。例えば、住民記録システムの仕様書は、8月に第2・0版が出てきたりして、細かく改正されているようです。仕様書が変わっていくなかで、仕様書ができるまで何もできないとなると、いつになったら自治体の側の準備ができるのか。あるいは、今ある仕様書をどういうふうに読んでおくか、変更されそうなところをどうやって見分けたらいいのか、などについてご存知の範囲で教えていただきたい。

三木さんには、この点はすでにほかのところでたくさんお話をされていて、今回は大きめの話ということであえて割愛されたと思うのですが、今回の個人情報保護法改正によって、すでに持っている条例によって今回の法律よりも厳しめの規定を置いている自治体は、その条例をどう見直していけばよいのか、御説明をいただければと思います。

■情報システムに留まらない標準化対応

○**松岡**　御質問ありがとうございます。まず牧原さんから出された移行プロセスに関して言うと、設計、開発だけでもあのスケジュール感では厳しいものがあるという気がしますし、テストや検証をして何か起きたら修正しないといけません。また、今日の手順はあくまでもシステムの話しかしていないのですが、実は特定個人情報評価の話もありますし、条例規則の見直しも場合によっては必要になります。

むしろ自治体にとっては、システム以外のところも実は重要であり、かつ自治体によっては手当てをしなければいけないところに差があるので、そこをどうするかというところも議論から落ちてしまいがちなのです。そこのほうがスムーズにいかないというか、時間がかかるのではないかと私は心配をしているというところです。

それから、標準化の最終のゴールまでの協議をどういうふうに進めればいいかということなのですが、先ほど共創プラットフォームがクローズドしたという話をしました。自治体の職員の方は結構使っていたようですが急に閉じてしまったので困ったとのことでした。

去年は公営企業の研究をやっていて、そこでＡＩの活用の話で先進自治体に、ほかの公営企業との情報交換はできていますかと聞いたら、大都市同士だったらできるが、小さいところだとなかなか聞けるところがないのです、という話でした。特に小規模自治体だと日常業務に手一杯で意見を聞けることがなかなか難しいところもあります。本当に小規模のところに行くと、１人の職員がレジェンドみたいな感じで情報システムに関する業務に留まらず幅広い業務を何でもやっているところがあるのですが、そういうところだとそもそもシステム業務に充てる時間も限られています。

そこで出てくるべきなのは広域自治体で、何らかの形で場づくりをする。そこに情報とかアドバイスとか、参考になるようなものを共有する。広域自治体の大きな役割としてあると思います。

其田さんからいただいた質問で、仕様書ができてくるまでの間にどういうふうに準備すればいいのかという話なのですが、まず仕様書ができてくる前までにやっておいたほうがいいのは、現状の業務の棚卸し、フローがどうなっているのかを整理しておく。特に情報システムの職員はずっと固定でいるような人がいたりして、逆に言うとその人が抜けると大ごとになるのです。業務フローを可視化しておくのは、標準化に限らず重要になってくるので、まずそれをやっておくというのがあると思います。

正式な仕様書としてリリースされてくるのは時間がかかるのですが、住民記録に関して言うと、仕様書の案の状態で、全自治体に意見照会をかけています。そこで感触を手に入れて、心構えをしておくというのもあると思います。

■個人データの研究利用

○三木　御質問をいただいて、ありがとうございます。

デジタル化が進むことで業務プロセスの再構築がされていくと、職員も情報システムのユーザーとしてそれに適応していかなければならないわけですが、業務を進めやすくするものであれば、おそらく適応する、それを使いこなそうという動機づけがされるのではないかと思います。それに、今だと例えば同じ型のパソコンで同じような情報機器環境で仕事をしているのではないかと思いますが、担当する業務によって情報システムの利用の仕方が異なると思いますので、デジタル化を進めるなら、一律に同じではなく環境整備をしていく必要はあるのではないかと思います。

個人データの研究利用というのは今に限らずずっと遡ってやられていますし、統計法などでも研究利用は別枠で考えてあります。政策形成にあたって研究から出てきた成果が反映されるということ自体もありますので、それ自体が企業利用、事業利用に先立って進んでいくということ自体はいいと思うのですね。

研究に携わる人が等しい条件でデータにアクセスできるのが重要とは思っています。つまりこの人だから認めますという制限ではなくて、研究内容に即して認める、認めないということが公平に行われるような状況が担保されているのがまず大事かなと思います。

例えば、個人情報そのものではないかもしれませんが、新型コロナ禍において人流データとか人の接触をどう測るかといったことが、いろいろなデータの解析によって出てくる。ただ、さまざまな異なる結果が出てきており、データもそれをどうやって解析するか、どう使うかによって結果が異なってくるということを、多くの人が自分の生活に関わるものとして実感しました。そういう意味ではデータへのアクセスが正当な条件の下で公平に認められる状況をちゃんとつくっていくということ自体はとても大事だと思っています。

人体に関わるものについては倫理審査をしなければならないなどのルールはあって、個人情報を直接扱う場合は本人同意をベースにしています。ただ、生命倫理とか社会倫理的に問題ないのかという審査が弱いという傾向はあるのかもしれないと思っています。

特に医療的なものになりますと広くいろいろな人がアクセスできるという情報にできないという制約はあると思うのですが、個人情報保護制度の下で提供される個人データは、一定の条件さえ満たせば事業者でも使えるというデータになってきます。そうするとそれを利用して、例えば一定の属性と一定の状況の下ではこの人はこうですという勝手な決めつけ（プロファイリング）があって、個人に介入をする。

あとは倫理的に問題があるようなサービスとか政策に利用されると、社会的にプラスのインパクトで埋めがたい問題だけではなくて、プラスのインパクトがあってもやっちゃいけないことというのもあると思うのですね。この先、個人データの利用は制度上どうかというだけではなくて、それを利用すること自体が倫理的に問題ないのかという人権的観点から判断をするようなメカニズムが必要になってくる。

ＡＩの問題もそれに近いところがあると思います。これまで個人情報をどうするかと個人情報保護制度の中で物を考えていたのですが、そこだけでは解決できない問題をどうやって解決をするか、あるいは解消するかということで議論の枠が少し広がってきていると理解しています。本来であれば広く社会的にも議論される必要があると思っています。

■個人情報保護条例をどう見直すか

○三木　次に個人情報保護条例のことで言うと、法律によって一元化されて、本当に個人情報保護条例は一律リセットになると思います。多分、条例は今の形で維持はもうできない。この間、国の個人情報保護委員会から、自治体が独自にやっても許容されることが示されています。自治体から問い合わせがあって、それに対して回答を兼ねているものです。

許容されると明確に書いているのは、例えば本人開示請求の手続について、決定期間が国の場合は30日なのですが、自治体は通常、15日なのですね。そういうのは自治体が決めていいですよとか、手数料に関しては独自に定めていいですよとか、その程度しか許容される範囲としては書いていない。

これも私が仄聞している範囲なのですが、個人情報保護委員会から、こんな感じの条例だったらいいですよというのが示されていて、それはわずか十数条のようです。自治体ができる個人情報に関する独自対応について国が想定しているのはこの程度です。そういう意味ではこれまで自治体がやってきたことは基本的には全部仕切り直し、全部と言っても全てではないのですが、ほとんどの部分で国の法律に合わせるしかなくなる。

自治体の場合は個人情報保護に関して審議会を設けて意見を聞いたり報告をしたりしています。非公開になった場合の審査会とは別に、運営・監視をする審議会を設けているのです。法律も審議会の設置自体は禁止をしていなくて、必要があれば諮問ができる審議会を設けてもいいですよとなっているのですが、諮問機関じゃなければば設置をすることはできないと理解をしている人たちが結構います。

では、諮問案件、諮問対象は何ですかと言ったときに、これまで自治体が審議会に諮問してきた事項のほとんどがなくなってしまう。そこで自治体は何を諮問しますかというところで何かひねり出さないと、審議会を今持っているところも全部廃止してしまう可能性がある。

これは私が予想していなかったところで、事前チェックでやっていたこれまでの審議会の機能を事後報告機能にして残すことができると私は思っていたのですね。審議会を残すことによって、一定のアカウンタビリティのメカニズムと透明性を確保するメカニズムは残せるだろうと思っていたのですが、別のことを考えなければいけないのかなと今思っています。

本人開示の仕組みでも、不開示理由は国の法律に一元化されるのですが、情報公開条例との整合性をとるために独自規定を設けることはいいですよと6月の個人情報保護委員会の資料は出しているのですね。これが自治体の実務技術的にはすごく難しいようです。

国の情報公開法と行政機関の個人情報保護法の不開示規定はほとんど一緒なので、両者に調整の必要性は全くないのですが、自治体の場合は個人情報と情報公開で不開示規定のつくり方が全然違ったりとか、要件の構成が結構違うのですね。そうすると、情報公開のほうの不開示規定を見直すことで整合性をとろうという話になりかねないなというところがあって、ちょっと注意しなければいけないと思っています。

■デジタル人材の確保

○司会　今回の法改正を受けて自治体の条例をどうするかというのは非常に大きな問題で、それだけでもセッションができるぐらいだと思います。行政法の先生の中には、国の個人情報保護委員会から出てくる技術的助言は無視してもいいというご意見もあるようなので、いずれにしても個々の自治体のスタンスが問われる課題になっています。

続けて、今度は牧原さんへのお話について、松岡さん、三木さんからコメントをお願いします。

○**松岡**　私からは1つなのですが、人材について御意見をお伺いできればと思います。例えば国だと今度、公務員にデジタル職という指定区分をつくり、東京都などでもデジタル職をつくる話があります。広域自治体だと比較的そういう人材が確保できる一方で、基礎自治体だとなかなか人材として採ることができません。そもそもの人材の層が少ないというのもあり、限られた職員の定数の中でそれをつくるかという話もあります。デジタル人材としてどういうスキル、資質というものがあればいいのかについて御見解を伺えばなと思っています。

私の感覚で言うと、コードが自分で書けるような人材というのは、いればベストなのですが、なかなかそこまでできない。とりあえず、標準化でアプリケーションをベンダから調達するという話になると、ベンダの目利きができるぐらいの人材レベルが現実解なのかなと思います。そのあたりについてどういうスキルが現実解なのかをお伺いできればと思います。

○**三木**　業務というのが一体何を指すことになるのかということはすごく私自身も考えさせられるキーワードであります。業務と言ったときに個々の業務の性質だったり、本人が業務をするという行動だったり、いろいろなものが含まれていると思うのですね。業務のフローと言ったときには両方含まれるのかなという気もします。要は業務をどういうふうに考えるか、あるいは情報システムとか自治の枠組みの中でとらえ直すのかということについて、やはり議論が深まっていく必要があるのかなというふうに思いました。業務といったものをどういう視点でとらえるといいのかについて、ぜひコメントをいただければなと思いました。

■暗黙知の共有

○**牧原**　松岡さんの御質問は2点あって、1つは2040構想研究会で議論したときに、基礎自治体が果たして自治体の事務をフルスペックとして持つ必要があるかという、28次地制調以来の問題がありました。プラットフォームとしての自治体というのは、必ずしも必要ないのではないかという議論とセットになった部分があるということです。

もちろんデジタル人材は高度であればあるほど望ましいし、大規模自治体はまず必要だと思いますが、中小規模の自治体の場合は共同でそういう職員を抱えるとか、あるいは都道府県という広域自治体から人材の支援を受けることがまずは考えられます。ベンダの目利きは、例の厚労省の COCOA のときもそうですが、やはり必要です。目利きはベンダと癒着せずにベンダの能力をしっかり把握できるというところはあるのだろうと思います。

ただ、個人が情報システムをどんどん使うようになってきていますので、やはりそこの部分の底上げというのは必要だと思います。これもまた数年でどんどん変わっていくということはもう一つ申し上げておきます。

三木さんの御質問は、私の専門の行政学の最も基礎的な問題でありまして、行政の最上位は執政の内閣の意思決定ですが、基盤になっているのは個々の職員の業務であることはもう大前提です。業務改革フローというときは、実は改革される業務しか念頭に置いていないのだと思うのですね。ところがそれだけではなくて、一般の職員が執務に就いていろいろな仕事をしている、これも全部業務です。この全てを改革することは不可能ですし、恐らく相当部分が暗黙知化されていますので、我々研究者としてはできるだけそこに入りたいと思い込みながら日々苦労している。

他方、現場の方々はいろいろ悩みを持ちながらお仕事をされていると思います。情報システムとの関係で業務を見直すというときには、どこまでそれを可視化するか、松岡さんのおっしゃったこととまさに同じで、その奥にあるものがあって、ここの奥の部分が情報化の中で個人化していく面があると思うのですね。

今、暗黙知と言いましたが、実際にはかなりの部分の業務が共有されているはずです。この共有部分が情報システムによって断片化したり個人化したりすることによって、執務環境や風通しが悪くなってはいけないのではないかと思います。ここをどうお互いに情報システムをうまく使いながらやりとりを重ねていくかということが問われています。

私は、たまたまデジタル庁移行直前の方々が座っている課を見たのですが、皆さん、黙々とディスプレイの前に張り付いて仕事をしているように見えました。それは見えただけならいいのですが、もしこれがそのままだとちょっとどうなのと思う部分もあるわけですね。どこかバックヤードでいろいろ議論されていたのだと思いますが、デジタルを使いながらも、むしろ対面でいろいろなやりとりをして職場を風通し良くしていくことが本当に必要になってくるのではないかというのを実感しております。

■自治体がＤＸをより進めるための仕組み作り

○司会　次に参加者の皆さんから牧原さんと松岡さんへの質問が来ているので、それについてお答えを聞きたいと思います。

○松岡

> ・デンマークのように地方の同意が必要と考えます。
>
> 基幹システムは、自治事務のはずで、国が法制をするなら、全自治体の合意が必要で、今後も自治体の合意なしに進めることは地方分権化に抵触すると考えます。いかがでしょうか？

デンマークの場合、戦略を策定するときに国と自治体の合意が必要という話をしたのですが、もう一つからくりがあって、国、自治体、および関係機関の予算配分をどうするかもセットになっています。そうなると合意がないことには進まないのです。日本はそこまではいっていないので、デンマークに比べると全自治体の合意が必要というインセンティブが弱いのですが、両者がフラットに協議を行うためには何らかの組織があったほうがいいと考えています。

先ほど其田さんの質問にお答えしたように、今回の場合だと国から自治体に意見照会はしているので（どれぐらい意見を反映しているかというのはわからないですが）、今後も恐らく各標準化の業務に関しては意見照会をすると思います。そこに、いかにちゃんと対応するかがまずは大事ですが、それを超えて組織化もありなのかなと思います。

・職員の勤務時間管理について使用者が講ずべき措置として、パソコンのログデータを用いた把握を予備的に使用することとしています。県側との折衝では、あくまでも副次的にログデータを抽出するだけにシステムを利用してきたと説明をしています。
・今回のシステム整備の中では住民サービスだけでなく、職員管理向けには何ができるのか教えていただけると幸いです

今回の17業務に関しては、直接、職員管理のために何かができるというよりは、どちらかというと標準化というプロセスを通じて業務を見直し、負荷を減らすことになると思います。大事なのは標準化されたシステムに合わせて業務を見直すのでは本末転倒なので、システムの標準化をする際には、自治体の現場の業務を踏まえて標準化するという順番を間違えないようにしないといけないのですが、それを通じて例えば残業時間の削減であるとか、そういう話につながっていくと思います。

この話はシステムの標準化のもう一つ先の話で、例えばAIやRPA（自動化技術）を使う段階になるかなと思います。AIの話で言うと、例えば徳島県だと県知事の記者会見の議事録作成は3日かかっていたのが、AIだと何時間かでできるみたいな話があるので、働き方改革の文脈に貢献できるという話はあるかと思うのです。

■デジタル化への理解は早いうちに変わる

○牧原　まとめて幾つかの質問にお答えしたいと思います。

・リテラシーなくて何が自治かという言葉は力強いと思いましたが、リテラシーを持ちようがないほど地方公務員はいま多忙すぎるため、よくしようというよりはこなそうとしかできないほど人が足りません。その点についてどうお考えでしょうか。
また、先程の若年層のリーダーをといいますが、

そのような人ほど地方公務員の現状を見限り辞めていきます。どうすればいいでしょうか。

・地方議会のオンライン等について、議会中Siriが作動して混乱が起きた、タブレットの上下の反転を止めることができず、困っている議員の方がいたなどを聞きます。そのような方々がデジタルの未来を議論できるのかという声をききました。そのような状況でオンラインにしても意味あるの？と嘆く若者が、若いから、少し詳しいからという理由でデジタル化の旗を持たされた場合、周りに相談できず（しても無駄と捉え）、属人的に仕事をするのもやむを得ないような気もします。まさしくどこから始めれば、という状態です。御助言ご教示いただけたらば幸いです。

・自治体ＤＸ推進の担当をしております。様々な市町村の担当とチャット等を使い情報交換をする中で、首長・自治体の経営層の意識改革がかなりの壁になっています。他市では「最低限のことだけを取り組めばいい、人材育成も外部人材の活用も不要」というトップがいるらしく、このままでは地域格差がさらに広がると思っています。国でそのような議論は行われていますか？

　質問の中で共通しているのは、議員の方とかあるいは首長や自治体の幹部の層で、ＤＸってそんなに必要ないのではないかとか、タブレットの上下反転をとめることができないとか、余り使ったことがない方がいらっしゃって、これでデジタル化が進むのかということに危機感を覚えている、どうすればいいかというような御質問が複数ございました。

　私はこういう状況は割と早いうちに変わるのではないかと思っています。例えばドイツでも保健所は結構ファックスを使っていると、コロナで報道されていましたが、部分最適が得意な仕組みをつくり込むと、古い技術でそのまま行けてしまうところがありまして、その技術の最適化が起こってしまうと新しい技術に進まない。

　あるいはエストニア、韓国のように進んでいるといわれる国は安全保障の問題があって、エストニアはロシア

（と言われているのですが）から、基幹的な電力がとまるくらい厳しいサイバー攻撃を受けているのですね。それでかなり危機感を持ってデジタル化が進む。日本のようにやや天下泰平だと進みにくいのですね。

この状況はコロナもあって変わり始めている。ただ時間がかかるのです。私は地方自治の領域は平時と非平時の切り替えが非常にゆっくりで、余り急いでもだめだと思いますので、時間をかけてじっくり進めるしかない。

意識改革だと言ってもかえって意固地になるというのはよくあることで、できる人、わかる人が横のつながりを使って、とりあえず個人の範囲でＤＸに対応していくことが必要なのではないか。

議会に関しては、オンライン議会のための準備をできるだけ進めていくことが望ましい。条例改正はできるので、これを地方６団体などで積極的に旗振りすることが必要ではないかと思っています。

それからもう一つは、現場が非常に忙しくてリテラシーまで行かないという悩みを持っていらっしゃるというケース、それは本当にそうなのですね。だから、標準化から業務フローとやると一大改革にどんどんなっていくわけで、そんなことができるのかということは議論したほうがいいわけですね。

基本的に今のシステムはクラウド化しますが、微修正しながら今のアプリを使えるはずなので、できるだけ外注して徐々にならしていく。これは10年ぐらいのプランでじっくり進めるということが必要なので、余り無理をしないで、今だけというわけではないのですね。

デジタル化で仕事が減るはずだとよく言われますが、減るはずはなくて増える方向にしか行きません。デジタル化が進むと加速するのでどんどん仕事ができるようになってしまう。そこで仕事を過重にしない仕組みを考えていかないと、社会全体がすり切れてしまうと思います。情報システムは先に行く人はどんどん行けるのですが、かなりばらつきがあって当然です。私も全体として上がるべきだということを言っていますが、皆が同じ水準になって弾丸のように突っ走ることは絶対にないので、その人の情報システムやデジタル化との付き合い方を見ながら考えていく必要はある。

今のところシステムを標準化するだけですから、それ自体は概ね業務の現場でそう差はないのですが、この標準化が済んだ先に何が起こるかとはお考えになったほうがいい。できる方は不得意な方をサポートして助け合う仕組みが大事です。

・LINEを使って住民票を提供する渋谷区のサービスが総務省から否定的に見られ、総務省は入国管理で使われている技術顔認証技術による住民票提供ができなくなる省令改正を考えています。LINEによる住民票サービスをめぐる「争い」についてご見解を教えて下さい。

渋谷区はデジタル化に非常に熱心で、区長さんとお会いしたときもおっしゃっていました。総務省は、多分LINEのサーバー問題でいろいろ言っているのだと思いますが、これもデジタル化の副産物で、ブレーキもかかるけれど、アクセルもかかる。アクセルがかかってやれることはどんどんおやりになったほうがいいと思ってお

ります。

・地方自治体は2元代表制で首長は行政の最高責任者ですが、政治家でもあり、優先順位があり内政全般には限界があります。DXを含む内政全般は、どの部署が担当すべきとお考えでしょうか?

最後に、DXを含む内政全般をどの部署が担当すべきかということですね。国にはデジタル庁があって、政府CIOが元々あり、自治体レベルでもCIOがあるところはあります。国レベルでは、果たしてデジタル庁がいいのか。あれは時限的につくるというところでやっていたはずです。今後も課題を次々に探していくのでしょう。

32次地制調から自治体行政のデジタル化を進める話をしていましたが、こんなに早いスケジュールではなかったと思います。やはり身の丈に合ったスピード感で進めるのが一番いい。その意味でスローなインターネットもこれから大事なのかなと思っております。

○司会　ありがとうございました。予定した時間をオーバーしてしまいました。まだ話し足りないことはたくさんあると思いますが、ここで打ち切らせていただきます。どうもありがとうございました。（拍手）

まとめ

武藤博己

〔地方自治総合研究所所長〕

公益財団法人地方自治総合研究所の所長をしております武藤と申します。

今日は講演、報告のお三方、本当にありがとうございました。また、YouTubeを通じて視聴していただいた皆さん、どうもありがとうございます。昨年に引き続きこうした方式で、コロナ禍の中、セミナーを開催させていただきました。

私、昨夜からこの「デジタルトランスフォーメーション」という言葉がすごく気になってしまいまして、いろいろとインターネットで調べてみましたら、アメリカではほとんど使われておりません。Yahoo! UKでも「DX」とか「デジタルトランスフォーメーション」というのは100万ぐらいヒットしますが、日本ではグーグルクロームで検索すると5億件も出てきます。Yahoo! JAPANで調べても500万件出てきますので、イギリスから比べると5倍ぐらい多いということです。

ついでに言いますと、イギリスの場合、同じDXでも中身が違います。例えば、カメラで何とかDX

〔まとめ〕

というのが出てきたりします。日本では「デジタルトランスフォーメーション」というと今日のテーマの話で、これがほとんどでした。この「デジタルトランスフォーメーション」というのは日本だけで使われているというわけではありませんが、特殊日本化しないように、やはり世界の流れを見ながら進めていきたい、進めていかないといけないのではないかと思います。

また、これだけインターネットの中でも出てくるというのは非常に期待が大きいのかなということでありえます。あるいは、逆に楽観的にすぎるのではないかという気もいたします。例えば、キャッチコピーとして「誰一人取り残さない」、「人に優しいデジタル化」というような情緒的な表現で政策（あくまで政府のデジタル政策）を説明するというのはあまり適切でないのではないかと私は感じております。

今日は朝から嵐の一日で、今は大分落ち着いてきたようでありますが、そういう中、御参加をいただきまして、本当にありがとうございました。以上をもちまして、私のまとめの御挨拶とさせていただきます。

ありがとうございました。（拍手）

登壇者略歴

牧原　出（まきはら　いづる）
東京大学先端科学技術研究センター教授
１９９０年東京大学法学部助手、１９９３年東北大学法学部助教授、２００６年教授、２０１３年より現職。
近著に、『崩れる政治を立て直す ― 21世紀の日本行政改革論』（２０１８年、講談社）、「新型コロナ時代の都道府県・市町村」『ガバナンス』２０２０年７月号、「『いわゆるオンライン会議』としての地方議会の可能性」『地方自治』８８０号。など。

松岡清志（まつおか　きよし）
静岡県立大学経営情報学部経営情報学科講師（大学院経営情報イノベーション研究科兼務）
２００８年行政情報システム研究所研究員、２０２１年より現職。
近著に、『行政学』（共著、２０２１年、文眞堂）、「国連電子政府ランキングに基づく電子政府の進捗度と経済成長及び財政収支との関係性の分析」『行政&情報システム』55巻1号、など。

三木由希子（みき　ゆきこ）
特定非営利活動法人情報公開クリアリングハウス理事長
１９９９年ＮＰＯ法人情報公開クリアリングハウス室長、２００７年理事、２０１１年より現職。
近著に、『情報公開と憲法 知る権利はどう使う』（共著、２０１７年、白順社）、「マイナンバー制度を考える視点：特別定額給付金の給付手続きから」『月刊自治研』７３３号、など。

其田茂樹（そのだ　しげき）
公益財団法人地方自治総合研究所研究員
２００５年藤沢市政策研究員、２０１２年より現職。
近著に、『国税・森林環境税 ― 問題だらけの増税』（共著、２０２１年、公人の友社）、「地方自治の観点から見たデジタル改革関連法の課題」『月刊自治研』７４２号、など。

自治総研ブックレット 25
自治から考える「自治体ＤＸ」
「標準化」「共通化」を中心に

2021年11月25日　第1版第1刷発行

編　者　　其田茂樹
発行人　　武内英晴
発行所　　公人の友社
〒 112-0002　東京都文京区小石川 5-26-8
TEL 03-3811-5701　FAX 03-3811-5795
e-mail: info@koujinnotomo.com
http://koujinnotomo.com/
印刷所　　モリモト印刷株式会社

ISBN978-4-87555-872-9

出版図書目録

●ご注文はお近くの書店へ
小社の本は、書店で取り寄せることができます。
●直接注文の場合は
電話・FAX・メールでお申し込み下さい。
（送料は実費、価格は本体価格）

［自治総研ブックレット］

No.22
自治体森林政策の可能性
〜国税森林環境税・森林経営管理法を手がかりに
飛田博史編・諸富徹・西尾隆・相川高信・木藤誠・平石稔・今井照　1,500円

No.23
原発災害で自治体ができたことできなかったこと
〜自治体の可能性と限界を考える
今井照編・阿部昌樹・金井利之・石田仁・西城戸誠・平岡路子・山下祐介　1,500円

No.24
未完の「公共私連携」
〜介護保険制度20年目の課題
上林陽治編・大森彌・高端正幸・堀越栄子・森安東光・今井照　1,500円

No.25
自治から考える「自治体DX」
〜「標準化」「共通化」を中心に
其田茂樹編・牧原出・松岡清志・三木由希子・武藤博己・今井照　1,500円

［自治総研ブックス］

No.16
国税・森林環境税
〜「問題だらけの増税」
青木宗明編著／著飛田博史・吉弘憲介・其田茂樹・清水雅貴・佐藤一光　2,200円

［北海道自治研ブックレット］

No.1
市民・自治体・政治
再論・人間型としての市民
松下圭一　1,200円

No.2
議会基本条例の展開
その後の栗山町議会を検証する
橋場利勝・中尾修・神原勝　1,200円（品切れ）

No.3
福島町の議会改革
議会基本条例＝開かれた議会づくりの集大成
溝部幸基・石堂一志・中尾修・神原勝　1,200円

No.4
議会改革はどこまですすんだか
改革8年の検証と展望
神原勝・中尾修・江藤俊昭・廣瀬克哉　1,200円

No.5
ここまで到達した芽室町議会改革
芽室町議会改革の全貌と特色
広瀬重雄・西科純・蘆田千秋・神原勝　1,200円

No.6
国会の立法権と地方自治
憲法・地方自治法・自治基本条例
西尾勝　1,200円

［単行本］

フィンランドを世界一に導いた100の社会改革
編著　イルカ・タイパレ
訳　山田眞知子　2,800円

公共経営学入門
編著　ボーベル・ラフラー
訳　みえガバナンス研究会
監修　稲澤克祐、紀平美智子　2,500円

変えよう地方議会
〜3・11後の自治に向けて
編著　河北新報社編集局　2,000円

自治体職員研修の法構造
田中孝男　2,800円

自治基本条例は活きているか?!
〜ニセコ町まちづくり基本条例の10年
編　木佐茂男・片山健也・名塚昭　2,000円

国立景観訴訟〜自治が裁かれる
編著　五十嵐敬喜・上原公子　2,800円

成熟と洗練〜日本再構築ノート
松下圭一　2,500円

地方自治制度「再編論議」の深層
監修　木佐茂男　青山彰久・国分高史　1,500円

韓国における地方分権改革の分析～弱い大統領と地域主義の政治経済学
尹誠國　1,400円

自治体国際政策論
自治体国際事務の理論と実践
楠本利夫　1,400円

自治体職員の「専門性」概念
可視化による能力開発への展開
林奈生子　3,500円

アニメの像 VS. アートプロジェクト
まちとアートの関係史
竹田直樹　1,600円

NPOと行政の《協働》活動における「成果要因」
成果へのプロセスをいかにマネジメントするか
矢代隆嗣　3,500円

おかいもの革命
消費者と流通販売者の相互学習型プラットホームによる低酸素型社会の創出
編著　おかいもの革命プロジェクト　2,000円

原発再稼働と自治体の選択
原発立地交付金の解剖
高寄昇三　2,200円

「地方創生」で地方消滅は阻止できるか
地方再生策と補助金改革
高寄昇三　2,400円

総合計画の新潮流
自治体経営を支えるトータル・システムの構築
監修・著　玉村雅敏
編集　日本生産性本部　2,400円

総合計画の理論と実務
行財政縮小時代の自治体戦略
編著　神原勝・大矢野修　3,400円

自治体の人事評価がよくわかる本
これからの人材マネジメントと人事評価
小堀喜康　1,400円

だれが地域を救えるのか
作られた「地方消滅」　島田恵司　1,700円

分権危惧論の検証
教育・都市計画・福祉を題材にして
編著　嶋田暁文・木佐茂男
著　青木栄一・野口和雄・沼尾波子　2,000円

地方自治の基礎概念
住民・住所・自治体をどうとらえるか?
編著　嶋田暁文・阿部昌樹・木佐茂男
著　太田匡彦・金井利之・飯島淳子　2,600円

松下圭一＊私の仕事―著述目録
松下圭一　1,500円

地域創成への挑戦
住み続ける地域づくりの処方箋
監修・著　長瀬光市
著　縮小都市研究会　2,600円

自治体広報はプロションの時代からコミュニケーションの時代へ
マーケティングの視点が自治体の行政広報を変える
鈴木勇紀　3,500円

「大大阪」時代を築いた男
評伝・関一（第7代目大阪市長）
大山　勝男　2,600円

自治体議会の政策サイクル
議会改革を住民福祉の向上につなげるために
編著　江藤俊昭
著　石堂一志・中道俊之・横山淳・西科純　2,300円

挽歌の宛先　祈りと震災
編著　河北新報社編集局　1,600円

新訂　自治体法務入門
編　田中孝男・木佐茂男　2,700円

政治倫理条例のすべて
クリーンな地方政治のために
斎藤　文男　2,200円

福島インサイドストーリー
役場職員が見た避難と震災復興
編著　今井照・自治体政策研究会　2,400円

原発被災地の復興シナリオ・プランニング
編著　金井利之・今井照　2,200円

自治体の政策形成マネジメント入門
矢代隆嗣　2,700円

介護保険制度の強さと脆さ
2018年改正と問題点
編著　鏡諭　企画東京自治研究センター　2,600円

「質問力」でつくる政策議会
土山希美枝　2,500円（品切れ）

神戸・近代都市の形成
高寄　昇三　5,000円

政治行政入門（新版）
山梨学院大学政治行政研究会　2,500円

「縮小社会」再構築
安心して幸せにくらせる地域社会づくりのために
長瀬光市【監修・著】/縮小都市研究会【著】　2,500円

合併しなかった自治体の実際
非合併小規模自治体の現在と未来
木佐 茂男【監修】／原田 晃樹／
杉岡 秀紀【編著】　1,900円

住民監査請求制度がよくわかる本
平成29年改正
田中 孝男　1,800円

池袋・母子餓死日記
覚え書き（全文）（新装版）
公人の友社【編】　1,800円

世界遺産・ユネスコ精神
平泉・鎌倉・四国遍路
五十嵐 敬喜・佐藤 弘弥【編著】
3,200円

ひとりでできる、職場でできる、自治体の業務改善
時間の創出と有効活用
矢代 隆嗣 2,200円

ひとり戸籍の幼児問題とマイノリティの人権に関する研究
稲垣 陽子 3,700円

離島は寶島
沖縄の離島の耕作放棄地研究
齋藤 正己 3,800円

「地方自治の責任部局」の研究
その存続メカニズムと軌跡（1947-2000）
谷本有美子 3,500円

自治体間における広域連携の研究
大阪湾フェニックス事業の成立継続要因
樋口浩一 3,000円

グリーンインフラによる都市景観の創造
金沢からの「問い」
金沢大学地域政策研究センター【企画】
菊地直樹・上野裕介【編】1,000円

議員のなり手不足問題の深刻化を乗り越えて
地域と地域民主主義の危機脱却手法
江藤俊昭 2,000円

人口減少時代の論点90
井上正良・長瀬光市・増田勝 2,000円

フランスの公務員制度と官製不安定雇用
図書館職を中心に
薬師院はるみ 2,000円

総合計画を活用した行財政運営と財政規律
鈴木洋昌 3,000円

議会が変われば自治体が変わる
【神原勝・議会改革論集】
神原勝 3,500円

近代日本都市経営史・上巻
高寄昇三 5,000円

図解・こちらバーチャル区役所の空き家対策相談室です
空き家対策を実際に担当した現役行政職員の研究レポート
松岡政樹 2,500円

図解・空き家対策事例集
「大量相続時代」の到来に備えて
松岡政樹 2,000円

縮小時代の地域空間マネジメント
ベッドタウン再生の処方箋
監修・著 長瀬光市
著・縮小都市研究会 2,400円

バックパッカー体験の社会学
日本人の若者・学生を事例に
著 萬代伸哉・解説 多田治、須藤廣
2,200円

「大阪都構想」ハンドブック
「特別区設置協定書」を読み解く
編著 大阪の自治を考える研究会
909円

大阪市会議員川嶋広稔の
とことん真面目に大阪都構想の「真実」を語る！
川嶋 広稔 909円

非常事態・緊急事態と議会・議員
自治体議会は危機に対応できるのか
新川達郎・江藤俊昭 2,700円

NPOと行政の協働事業マネジメント
共同から〝協働〟により地域問題を解決する
矢代隆嗣 2,700円

住民論
統治の対象としての住民から自治の主体としての住民へ
渡部朋宏 3,200円

市民自治創生史
古代ギリシアから現代
神谷秀之 2,300円

自治体経営の生産性改革
総合計画によるトータルシステム構築と価値共創の仕組みづくり
玉村雅敏 編著 2,000円

原発避難者「心の軌跡」
実態調査10年の〈全〉記録
今井照・朝日新聞福島総局 編著
2,700円

災害連携のための自治体「応援職員ハンドブック」
東日本大震災のデータと事例から
2,000円

コロナ不安を生きるヒント
聖書を手がかりに
関根英雄・和気香子 1,600円

ドラッカー × 社会学
コロナ後の知識社会へ
井坂康志・多田治 1,300円

ポストマスツーリズムの地域観光政策
新型コロナ危機以降の観光まちづくりの再生へ向けて
上山肇・須藤廣・増淵敏之 2,500円

地域貢献
住民と建築士が取り組んだ《連携・協働》の記録
長瀬光市・飯田正典編著
（一社）神奈川県建築士会地域貢献出版チーム著 2,000円

エビデンスに基づいた政策決定(EBPM)
横浜市のIR推進から考える
神奈川大学法学研究所 2,000円

【自治体危機叢書】

2000年分権改革と自治体危機
松下圭一　1,500円

自治体連携と受援力
もう国に依存できない
神谷 秀之・桜井 誠一　1,600円

政策転換への新シナリオ
小口進一　1,500円

政府財政支援と被災自治体財政
東日本・阪神大震災と地方財政
高寄昇三　1,600円

震災復旧・復興と「国の壁」
神谷秀之　2,000円

自治体財政のムダを洗い出す
財政再建の処方箋
高寄昇三　2,300円

「政務活動費」ここが問題だ
改善と有効活用を提案
宮沢 昭夫　2,400円

「ふるさと納税」「原発・大学誘致で地方は再生できるのか
高寄 昇三　2,400円

「大阪市廃止」悲劇への構図
経済・生活破綻と府集権主義の弊害
高寄 昇三　2,200円

【京都府立大学京都地域未来創造センターブックレット】

No.1
地域貢献としての「大学発シンクタンク」
京都政策研究センター（KPI）の挑戦
編著 青山公三・小沢修司・杉岡秀紀・藤沢実　1,000円

No.2
もうひとつの「自治体行革」
住民満足度向上へつなげる
編著 青山公三・小沢修司・杉岡秀紀・藤沢実　1,000円

No.3
地域力再生とプロボノ
行政におけるプロボノ活用の最前線
編著 杉岡秀紀
著 青山公三・鈴木康久・山本伶奈　1,000円

No.4
地域創生の最前線
地方創生から地域創生へ
監修・解説 増田寛也
編著 青山公三・小沢修司・杉岡秀紀・菱木智一　1,000円

No.5
現場から見た「子どもの貧困」対策
行政・地域・学校の現場から
編著 小沢修司　1,000円（品切）

No.6
人がまちを育てる
ポートランドと日本の地域
企画 京都府立大学京都地域未来創造センター
編著 川勝健志　1,000円

【地方自治ジャーナルブックレット】

No.33
都市型社会と防衛論争
松下圭一　900円

No.34
中心市街地の活性化に向けて
山梨学院大学行政研究センター　1,200円

No.36
行政基本条例の理論と実際
神原勝・佐藤克廣・辻道雅宣　1,100円

No.37
市民文化と自治体文化戦略
松下圭一　800円

No.38
まちづくりの新たな潮流
山梨学院大学行政研究センター　1,200円

No.39
ディスカッション三重の改革
中村征之・大森弥　1,200円

No.41
市民自治の制度開発の課題
山梨学院大学行政研究センター　1,200円

No.42
《改訂版》自治体破たん・「夕張ショック」の本質
橋本行史　1,200円（品切れ）

No.43
分権改革と政治改革
西尾勝　1,200円

No.44
自治体人材育成の着眼点
浦野秀一・井澤壽美子・野田邦弘・西村浩・三関浩司・杉谷戸知也・坂口正治・田中富雄　1,200円

No.45
シンポジウム障害と人権
橋本宏子・森田明・湯浅和恵・池原毅和・青木九馬・澤静子・佐々木久美子　1,400円

No.46
地方財政健全化法で財政破綻は阻止できるか
高寄昇三　1,200円

No.47
地方政府と政策法務
加藤良重　1,200円

No.48
政策財務と地方政府
加藤良重　1,400円

No.49
政令指定都市がめざすもの
高寄昇三　1,400円

No.50
良心的裁判員拒否と責任ある参加
市民社会の中の裁判員制度
大城 聡　1,000円

No.51
討議する議会
自治体議会学の構築をめざして
江藤俊昭　1,200円

No.52
【増補版】大阪都構想と橋下政治の検証
府県集権主義への批判
高寄昇三　1,200円

No.53
虚構・大阪都構想への反論
橋下ポピュリズムと都市主権の対決
高寄昇三 1,200円

No.54
大阪市存続・大阪都粉砕の戦略
地方政治とポピュリズム
高寄昇三 1,200円

No.55
「大阪都構想」を越えて
問われる日本の民主主義と地方自治
（社）大阪自治体問題研究所 1,200円

No.56
翼賛議会型政治・地方民主主義への脅威
地域政党と地方マニフェスト
高寄昇三 1,200円

No.57
なぜ自治体職員にきびしい法遵守が求められるのか
加藤良重 1,200円

No.58
東京都区制度の歴史と課題
都区制度問題の考え方
著：栗原利美、編：米倉克良 1,400円

No.59
七ヶ浜町（宮城県）で考える
「震災復興計画」と住民自治
編著：自治体学会東北 YP 1,400円

No.60
市民が取り組んだ条例づくり
市長・職員・市議会とともにつくった所沢市自治基本条例
編著：所沢市自治基本条例を育てる会 1,400円

No.61
いま、なぜ大阪市の消滅なのか
「大都市地域特別区法」の成立と今後の課題
編著：大阪自治を考える会 800円

No.62
地方公務員給与は高いのか
非正規職員の正規化をめざして
著：高寄昇三・山本正憲 1,200円

No.63
大阪市廃止・特別区設置の制度設計案を批判する
いま、なぜ大阪市の消滅なのかPart2
編著：大阪自治を考える会 900円

No.64
自治体学とはどのような学か
森啓 1,200円

No.65
通年議会の〈導入〉と〈廃止〉
長崎県議会による全国初の取り組み
松島完 900円

No.66
平成忠臣蔵・泉岳寺景観の危機
吉田朱音・牟田賢明・五十嵐敬喜 800円

No.67
いま一度考えたい大阪市の廃止・分割
その是非を問う住民投票を前に
大阪の自治を考える研究会 926円

No.68
地域主体のまちづくりで「自治体職員」が重視すべきこと
事例に学び、活かしたい5つの成果要因
矢代隆嗣 800円

No.69
自治体職員が知っておくべきマイナンバー制度50項
高村弘史 1,200円

No.71
大都市問題の専門家が問う
大阪市廃止と生活行政の破綻
〈市民連合〉による住民投票勝利への戦略
高寄昇三 1,200円

No.72
脱法的「大阪都構想」と大阪市形骸化の危機
高寄昇三 1,200円

［福島大学ブックレット
21世紀の市民講座」］

No.2
自治体政策研究ノート
今井照 900円

No.3
住民による「まちづくり」の作法
今西一男 1,000円

No.4
格差・貧困社会における市民の権利擁護
金子勝 900円

No.6
今なぜ権利擁護か
ネットワークの重要性
高野範城・新村繁文 1,000円

No.7
小規模自治体の可能性を探る
保母武彦・菅野典雄・佐藤力・竹内是俊・松野光伸 1,000円

No.8
小規模自治体の生きる道
連合自治の構築をめざして
神原勝 900円

No.9
文化資産としての美術館利用
地域の教育・文化的生活に資する方法研究と実践
辻みどり・田村奈保子・真歩仁しょうん 900円

No.10
フクシマで〝日本国憲法〈前文〉〟を読む
家族で語ろう憲法のこと
金井光生 1,000円

［地方自治土曜講座
ブックレット］

No.2
自治体の政策研究
森啓 500円

No.3
現代政治と地方分権
山口二郎 500円

No.4
行政手続と市民参加
畠山武道 500円

No.5
成熟型社会の地方自治像
間島正秀 500円

No.6
自治体法務とは何か
木佐茂男　500円

No.7
自治と参加　アメリカの事例から
佐藤克廣　500円

No.8
政策開発の現場から
小林勝彦・大石和也・川村喜芳
800円

No.21
分権時代の自治体経営
北良治・佐藤克廣・大久保尚孝
600円

No.22
地方分権推進委員会勧告とこれからの地方自治
西尾勝　500円

No.23
産業廃棄物と法
畠山武道　600円

No.25
自治体の施策原価と事業別予算
小口進一　600円

No.27
比較してみる地方自治
田口晃・山口二郎　600円

No.29
自治体の課題とこれから
逢坂誠二　400円

No.31
地域の産業をどう育てるか
金井一頼　600円

No.32
金融改革と地方自治体
宮脇淳　600円

No.33
ローカルデモクラシーの統治能力
山口二郎　400円

No.34
政策立案過程への戦略計画手法の導入
佐藤克廣　500円

No.35
「変革の時」の自治を考える
神原昭子・磯田憲一・大和田健太郎
600円

No.37
分権時代の政策法務
礒崎初仁　600円

No.38
地方分権と法解釈の自治
兼子仁　400円

No.39
「近代」の構造転換と新しい「市民社会」への展望
今井弘道　500円

No.40
自治基本条例への展望
辻道雅宣　400円

No.41
少子高齢社会の自治体の福祉法務
加藤良重　400円

No.42
改革の主体は現場にあり
山田孝夫　900円

No.43
自治と分権の政治学
鳴海正泰　1,100円

No.44
公共政策と住民参加
宮本憲一　1,100円

No.45
農業を基軸としたまちづくり
小林康雄　800円

No.46
これからの北海道農業とまちづくり
篠田久雄　800円

No.47
自治の中に自治を求めて
佐藤守　1,000円

No.48
介護保険は何をかえるのか
池田省三　1,100円

No.49
介護保険と広域連合
大西幸雄　1,000円

No.50
自治体職員の政策水準
森啓　1,100円

No.51
分権型社会と条例づくり
篠原一　1,000円

No.52
自治体における政策評価の課題
佐藤克廣　1,000円

No.53
小さな町の議員と自治体
室埼正之　900円

No.55
改正地方自治法とアカウンタビリティ
鈴木庸夫　1,200円

No.56
財政運営と公会計制度
宮脇淳　1,100円

No.59
環境自治体とISO
畠山武道　700円

No.60
転型期自治体の発想と手法
松下圭一　900円

No.61
分権の可能性
スコットランドと北海道
山口二郎　600円

No.62
機能重視型政策の分析過程と財務情報
宮脇淳　800円

No.63
自治体の広域連携
佐藤克廣　900円

No.64
分権時代における地域経営
見野全　700円

No.65
町村合併は住民自治の区域の変更である
森啓　800円

No.66
自治体学のすすめ
田村明　900円

No.67
市民・行政・議会のパートナーシップを目指して
松山哲男　700円

No.69
新地方自治法と自治体の自立
井川博　900円

No.70
分権型社会の地方財政
神野直彦　1,000円

No.71
自然と共生した町づくり
宮崎県・綾町
森山喜代香　700円

No.72
情報共有と自治体改革
片山健也　1,000円

No.73
地域民主主義の活性化と自治体改革
山口二郎　900円

No.74
分権は市民への権限委譲
上原公子　1,000円

No.75
今、なぜ合併か
瀬戸亀男　800円

No.76
市町村合併をめぐる状況分析
小西砂千夫　800円

No.78
ポスト公共事業社会と自治体政策
五十嵐敬喜　800円

No.80
自治体人事政策の改革
森啓　800円

No.83
北海道経済の戦略と戦術
宮脇淳　800円

No.84
地域おこしを考える視点
矢作弘　700円

No.87
北海道行政基本条例論
神原勝　1,100円

No.91
協働のまちづくり
三鷹市の様々な取組みから
秋元政三　700円

No.92
シビル・ミニマム再考
松下圭一　900円

No.93
市町村合併の財政論
高木健二　800円

No.95
市町村行政改革の方向性
佐藤克廣　800円

No.96
創造都市と日本社会の再生
佐々木雅幸　900円

No.97
地方政治の活性化と地域政策
山口二郎　800円

No.98
多治見市の総合計画に基づく政策実行
西寺雅也　800円

No.99
自治体の政策形成力
森啓　700円

No.100
自治体再構築の市民戦略
松下圭一　900円

No.101
維持可能な社会と自治体
宮本憲一　900円

No.102
道州制の論点と北海道
佐藤克廣　1,000円

No.103
自治基本条例の理論と方法
神原勝　1,100円

No.107
公共をめぐる攻防
樽見弘紀　600円

No.108
三位一体改革と自治体財政
岡本全勝・山本邦彦・北良治・逢坂誠二・川村喜芳　1,000円

No.109
連合自治の可能性を求めて
松岡市郎・堀則文・三本英司・佐藤克廣・砂川敏文・北良治他　1,000円

No.110
「市町村合併」の次は「道州制」か
森　啓　900円

No.111
コミュニティビジネスと建設帰農
松本懿・佐藤吉彦・橋場利夫・山北博明・飯野政一・神原勝　1,000円

No.112
「小さな政府」論とはなにか
牧野富夫　700円

No.113
栗山町発・議会基本条例
橋場利勝・神原勝　1,200円(品切れ)

No.114
北海道の先進事例に学ぶ
宮谷内留雄・安斎保・見野全・佐藤克廣・神原勝　1,000円

No.115
地方分権改革の道筋
西尾勝　1,200円

No.116
転換期における日本社会の可能性～維持可能な内発的発展
宮本憲一　1,100円

[地域ガバナンスシステム・シリーズ]

(龍谷大学地域人材・公共政策開発システム・オープン・リサーチセンター(LORC)…企画・編集)

No.1
地域人材を育てる自治体研修改革
土山希美枝　900円

No.2
公共政策教育と認証評価システム
坂本勝　1,100円

No.3
暮らしに根ざした心地よいまち
1,100円

No.4
持続可能な都市自治体づくりのためのガイドブック
1,100円

No.5
英国における地域戦略パートナーシップ
編：白石克孝、監訳：的場信敬　900円

No.6
マーケットと地域をつなぐパートナーシップ
編：白石克孝、著：園田正彦　1,000円

No.7
政府・地方自治体と市民社会の戦略的連携
的場信敬　1,000円

No.8
多治見モデル
大矢野修　1,400円

No.9
市民と自治体の協働研修ハンドブック
土山希美枝　1,600円

No.10
行政学修士教育と人材育成
坂本勝　1,100円

No.11
アメリカ公共政策大学院の認証評価システムと評価基準
早田幸政　1,200円

No.12
イギリスの資格履修制度
資格を通しての公共人材育成
小山善彦　1,000円

No.14
炭を使った農業と地域社会の再生
市民が参加する地球温暖化対策
井上芳恵　1,400円

No.15
対話と議論で〈つなぎ・ひきだす〉ファシリテート能力育成ハンドブック
土山希美枝・村田和代・深尾昌峰　1,200円

No.16
「質問力」からはじめる自治体議会改革
土山希美枝　1,100円（品切れ）

［生存科学シリーズ］

No.2
再生可能エネルギーで地域がかがやく
秋澤淳・長坂研・小林久　1,100円

No.3
小水力発電を地域の力で
小林久・戸川裕昭・堀尾正靭　1,200円＊

No.4
地域の生存と社会的企業
柏雅之・白石克孝・重藤さわ子　1,200円

No.5
地域の生存と農業知財
澁澤栄・福井隆・正林真之　1,000円

No.6
風の人・土の人
千賀裕太郎・白石克孝・柏雅之・福井隆・飯島博・曽根原久司・関原剛　1,400円

No.7
地域からエネルギーを引き出せ！　PEGASUS ハンドブック
（環境エネルギー設計ツール）
監修：堀尾正靭・白石克孝、著：重藤さわ子・定松功・土山希美枝　1,400円

No.8
地域分散エネルギーと「地域主体」の形成
風・水・光エネルギー時代の主役を作る－
編：小林久・堀尾正靭、著：独立行政法人科学技術振興機構 社会技術研究開発センター「地域に根ざした脱温暖化・環境共生社会」研究開発領域 地域分散電源等導入タスクフォース　1,400円

No.9
省エネルギーを話し合う実践プラン46
エネルギーを使う・創る・選ぶ
編著：中村洋・安達昇
編者著：独立行政法人科学技術振興機構 社会技術研究開発センター「地域に根ざした脱温暖化・環境共生社会」研究開発領域　1,500円

［都市政策フォーラムブックレット］

No.1
「新しい公共」と新たな支え合いの創造へ
渡辺幸子・首都大学東京　都市教養学部都市政策コース　900円（品切れ）

No.2
景観形成とまちづくり
首都大学東京　都市教養学部都市政策コース　1,000円

No.3
都市の活性化とまちづくり
首都大学東京　都市教養学部都市政策コース　1,100円

［朝日カルチャーセンター地方自治講座ブックレット］

No.1
自治体経営と政策評価
山本清　1,000円

No.2
ガバメント・ガバナンスと行政評価
星野芳昭　1,000円（品切れ）

No.4
「政策法務」は地方自治の柱づくり
辻山幸宣　1,000円

No.5
政策法務がゆく
北村善宣　1,000円